문학가족 작품모음

사금처럼 빛나는

문학사계

머리말

세월이 가면 작품作品과 인상印象만 남는다. 작품모음이 결실의 품평회라면, 인상은 삶의 발자취를 통해 얻어지는 신용장이라 할만하다. 돈도 권세도 명예도 한 줌의 재로 사라지고 작품과 인상만 남기 때문이다.

이번에 펴내는 이 책은 작품과 인상을 남기는 데에 기여하게 될 것이다. 우리들 문학가족은 정직한 평가를 바란다. 허명에 달라붙는 외화내빈外華內貧을 원하지 않기 때문이다. 노력한 만큼의 알찬 수확을 바라는 게 우리들의 소박한 꿈이다. 다양한 목소리가 이 한 권의 책 속에 스며들어 있다.

문학가족이 문예의 길을 걷는 인생의 길동무라면 우리들의 모임은 문예 동산의 하모니다. 우리는 묵정밭에서 잡초를 제거하고 객토를 착실히 하고 농로를 내어 알찬 결실을 거두려고 한다.

우리들의 만남은 아름다움을 추구하는 순수한 문학가족에 인연되어 있다. 1950년대와 60년대에 문단에 데뷔한 선배들로부터 2010년대에 등단한 후배에 이르기까지 노소동락하는 우리들의 다양한 목소리는 화음을 이룬다. 선배는 '초대시'로 모셨고, 나와 인연이 깊은 분들은 '애송시'와 '애독수필'로 가름하였다.

우리는 시간과 공간의 진흙을 나눠가진 셈이다. 열심히 물레를 돌려서 천도 이상의 고열에 자기磁器를 구워내는 사람이 있는가 하면, 다기茶器나 사발沙鉢 화병花瓶 등을 보여주는 사람도 있을 수 있다.

제호를 『사금처럼 빛나는』으로 하였다. 티타늄이 모든 철에 들어가 빛을 내는 것처럼, 시는 모든 문장에 사금처럼 빛을 내게 마련이다. 우리 문학가족들은 그동안 도야한 인격과 개성을 살려서 사금이 반짝이는 강변을 이루리라 믿어 의심치 않는다. 다만 정도의 차이가 있을 따름이다.

인생은 영원한 과정이라고 한다. 우리들은 그 과정 속에서 문예창작을 통해 인생을 빨래하며 고운 다림질로 펴나가고자 한다. 문학을 통해서 생활을 빨래하고, 인연된 이들의 마음까지도 고운 다림질로 펴나가고자 한다. 그렇게 사노라면 아름다운 시와 수필처럼, 우리들의 작품도 삶도 아름다워지게 될 것이다. 고열을 견디어냄으로써 살아남게 되는 그런 청자나 백자처럼 그렇게…….

黃松文

문학가족 작품모음 | 차례

■ ■ 애송시

■■ 애독수필

초대시

金鍾元 …
종 / 병瓶 / 봉개동

朴貞姬 …
노을 / 歸路 / 얼음강의 신음

崔銀河 …
그리움의 강 / 빈 집 / 숲으로 가리

張潤宇 …
겨울 동양화 / 뚜벅이 반추 / 양면의 해석

趙紀浩 …
오월 장미 / 풍경 / 빨갱이 꽃

黃松文 …
까치밥 / 돌 / 禪風

종 외 2편

金鍾元

푸름에서 푸름으로 차고 넘은 새
어쩌면 불탄 사랑에 울부짖는 새
이제 하늘과 땅 사이
어느 갈림길에
얼 얼이 피맺혀 돌아가는 새

오오 새여
어둠 속에 금갈라놓은 그 가슴을
얼마나 찢기다 불타 왔는가.

저만치 꽃물결을 타고 거슬러 가면
뿌연히 어려 오는 너무나 찬란한 고향.

노을 밭에 뿌려 놓은 당신의 말씀은
이렇게 그윽한 메아리로 울려오는 것이다.

아직 아무런 빛깔에도 물들지 않은 새
실은 하늘의 깊이에서 조용히 눈멀어간 새
지금 그가 가는 길은 어디나 피가 스며나게 하라.

이름 모른 채 슬어져간 이웃들의
그 머리칼 하나라도 깃들게 하라.

병甁

지금은 눈이 내리는 갈대밭
텅 빈 가슴
어느 새벽엔가
당신의 형상을 새기다 돌아온 울안에
조용히 돌아누워 또 하나 나를 품은
어머니
오호 병甁이여.

긁힌 매듭마다
몇 번이고
보채기만 하던 꽃
동백꽃을.

이렇게 이슬 찬 얼굴로
우리들은 모진 총탄 속에서도
꽃의 의미를 잃지 않았는데

이제 빛깔 잃은 창살 안에
목 잘린 그는
눈이 멀어 학 모양 웅크리고 있었다.

봉개동

타버려싱게.
아홉 살 적 풋대추 찾아 기어오르던
안마당의 대추나무도
다 타버리고 어싱게.

날만 새면
거르지 않던 동네 식개
영장 집 가마솥도
인젠 찾아볼 수 어싱게.

여름이면 갈중이 풋감 물들이고
겨울 한낮엔
푹푹 내려 쌓인 돌담 눈길로
키보다 큰 꼬리 연 입김처럼 날리던
중산부락 나의 봉아오름.

할아버지는 오척 단구
술 담배 입에도 못 대신 대쪽 같은 선비.
집 한 채 다 타고 잿더미만 남던
사삼 사건에도
눈시울 한번 안 적시더니

안방 다락 이불 베개 삼던 한서적 다 타고
불꽃 되어 날을 땐
손자처럼 발을 구르신
김해 김씨 문중의 어른.
아, 그 법 없이도 살 수 있던 내 할아버지는
지금 봉아오름을 떠나고 어싱게.

타버려싱게.
글만 알고 곡식 모르던 툇마루의 버선발
꿈 심던 뒷마당의 죽순도
다 타버리고 어싱게.

※ 타버려싱게 : 타버렸네
※ 어싱게 : 없네
※ 영장집 : 초상집

詩作 노트

이상의 세 편은 감상에 휘둘리지 않고 의미 있는 서정시를 쓰려고 노력했던 스물한 살 데뷔 당시부터 스물여섯 살 사이에 쓴 작품들이다. 「종」은 종소리를 날아가는 새에 비유하여 시각화한 것이고, 「병(甁)」은 어느 날 문득 창가의 꽃병에서 떠올리게 된 어머니의 모습과 6·25전쟁을 겪은 시대 상황을 모티브로 한 것이다. 1957년 『문학예술』지 5월호에 「종」과 함께 추천된 시로서 발표 당시의 제목은 「병(甁)의 자세」였으나 시집을 내면서 「병(甁)」으로 고쳤다.

'봉개동(奉蓋洞)' 은 1948년 좌우익의 대립 속에 많은 희생자를 낸 제주도의 4·3사건을 한학자인 할아버지의 얘기를 빌어 형상화한 것이다. 제주 공항에서 택시로 40분 남짓 거리인 이 중산간 마을은 나의 본적지이기도 하다. 찔레꽃이 휘늘어진 개천 길을 잰 걸음으로 앞서 가는 할아버지를 따라가느라 힘겨웠던 유년시절의 기억이 아직도 새롭다. 시의 지역적 특색을 살리기 위해 제주방언을 구사하였다.

※ E-mail : kinopoet@hanmail.net

노을 외 2편

朴貞姬

온 누리가
핏빛 눈물에 젖는다.

어디서
입술을
깨물어 뜯는
서러운 결심이
있나 보다

꿈이
재가 되어버리는
무서운 불길에서

이제
그 긴 긴 울음은
끊어져가고

깊은 골짜기
구비 구비로

빠알갛게
傳說이 핀다.

歸路

하늘이 저토록
파아랗지만 않았어도

난 외로움을 모르고
살았을 뻔했다.

차마 혼자서는
울고 섰을 수도 없는
차고 휘넓은 언덕에서

돌아서 오는 옛길이
낯익을수록

난
자꾸만 더 서 있고 싶다.

그 서러운 길에 남기고 온
내 수없는 발자국들이
지금 무슨 表情으로 비를 맞고 있기에

나는 또

이렇게 돌아서 보고 싶은 것일까.

강江물이 저토록 소리 내어 울지만 않았어도
난 아무 것도
아무 것도 모르고
살았을 뻔 했다.

얼음강의 신음

얼음은 금이 가고
갈라질 때
입술을 연다.
최초의 입김으로
찢어지는 신음을 낸다.

얼음 강 밑으로
죽어서 흐르던 핏줄도
깨진 어름 벽에 기대어
꿈틀 일어난다.

녹아라
녹아라
녹기 전에 갈라진
얼음 벽 사이
날아가던 물새가 물끄러미
드려다 본다.

詩作 노트 – 쓸쓸한 반가움으로

시는 아픔이고 병이었던 시절이 있었다. 겉으로 외상은 보이지 않았지만 들키면 큰일나는 통증을 '초록 막대기'에 기대고 살았다. 릴케가 말하던 동경의 냄새는 깊은 숲 속에 있었다. 그 중에도 초록에서 우러나오는 외로운 냄새, 그것은 가벼운 위로나 치유 같은 것으로 대신할 수 없는 무엇인가 쓸쓸한 반가움 같은 것이 있었다.

비로소 아득하기만 하던 고독의 진실을 그 쓸쓸한 반가움은 찾아 나서도록 만들어 주었다. 막막한 시의 안개 속을 즐거이 헤매기로 마음먹은 것이다.

오래 헤엄쳐 온 먼 길인데 익은 열매는 많지 않다. 골짜기마다 구르기 좋은 자잘한 시의 알갱이들뿐이다. 그것들이 저절로 떨어져 초록 냄새를 맡으며 거기서 그냥 놀아 주었으면 좋겠다는 생각이 든다. 도토리 밤송이랑 함께… 다람쥐 산토끼랑 함께….

※ E-mail : jh3612@korea.com

그리움의 강 외 2편

崔銀河

그리움은 깊디깊은 강일수록
소리 없는 울음의 소용돌이다.

내 언제부터 뉘 몰래
사로잡혀 말을 잃고
푸른 하늘만 올려다보는 모가질까.

날이 흐려 비 오려면
맨 먼저 저려오는 신경통이
날 저버리지 않고
염언念言의 손길은
강물 속의 오랜 몸부림으로 창백하다.

두고두고 삭일수록 그리움은
파란 불꽃이기도 하고
어둠으로도 갈앉는다.

강물이 소리 없는 건
끝없이 흐르는 깊이 때문일까,

그리움은
강을 사이로 두고
사라져 버리는 게 아니라
영영 하늘로 치솟는
연기煙氣의 회상回翔이다.

빈집

노화가의 그림 소재로나
거기 자리 잡은 거처로세.

언제나 떠돌이 하늘 아래
저대로 지켜온 빈집이네.

낯설기만한 손님으로 나는
일상을 들락거렸을 뿐

마당 가 한그루 향나무엔
별들이 수북이 내렸네.

날이 갈수록 찾아오는 사람 뜸해지고
지내온 날이 자꾸만 되돌아 보이네.

머잖아 내 아득히 돌아간 뒤에도
한줄기 바람은 예 살고지고

그날도 빈 집터엔
풀잎끼리 부벼대는 소리 자욱하겠네.

숲으로 가리

숲으로 가리.
우리 사랑이 자리 잡았을 때
얼싸안고 숲으로 가리.
숲 속으로 걸어 걸어서
들어서서는 황혼을 맞으리.
돌아올 길을 잃으면 더 없이 좋으리.

나의 사랑이 꽃인갑다 싶을 때
그 불씨 욱여안고 숲으로 가리.
숲 속으로 들어가선 아침을 맞으리.
바다나 강이 보이는 숲에서 눈을 뜨리.

숲으로 가리.
우리네 사랑이 어두워지기 전에
눈 내리는 겨울 숲 숲으로 가리.
숲 속으로 깊이 들어
교회당의 종소릴 들으리.
내 맨 처음과 마지막의 기도문을 떠올리리.

오늘 하루가 다 가기 전에
까마귀 떼 우짖다 잠든 숲으로 가리.

숲 속으로 들어가서 나도 잠들리.
허구헌 꿈속의 꿈으로 고이 잠들리.

숲으로 가리.
이 세상 태어나 배우고 익힌
사랑이란 말 흩으려버리기 전에
이제 어둡게 우거진 숲으로 가리.
숲 속에서 숲과 함께 바람을 맞아
사라지는 바람이 되리.
한줄기 바람소리로 남으리.

詩作 노트 - 하늘 아래서 바람과 그리움과

바람으로 하여 나는 이 하늘 아래 때맞춰 태어났다. 언제부턴가 그 바람이란 화두를 깨우쳐 알아차리면서 새로이 눈을 뜨고 귀가 열렸다고 사념을 모아온다. 숨을 쉬는 일로부터 아침에 일어나 활동을 하다가 밤으로 잠자리에 들어 꿈길을 찾는 일도 모두 모두가 바람으로 하여 시간과 공간의 활력이요, 보람이요, 이야기가 되는 게 아닌가. 바람이 없는 곳이 어디 있는가. 그 어디라 조용한 밀실이나 산과 바다, 그리고 구름이 떠다니는 허공, 그런가 하면 드넓은 바다, 파도, 그리고 사람들의 가슴 한가운데까지 바람은 스미어 젖어들고 일렁이다가 몰아치기도 한다.

나는 오늘도 그 바람을 맞이하여 하늘의 별을 바라보고 땅 위의 꽃을 노래하며 내 시간을 맞춰간다. 그리고 거기, 그리움의 활력을 드높이고 삭이면서 내 하루마다 감사함의 손길을 모은다. 그리움은 어제나 상승적인 표상이요, 연속성적인 상징의 추상은 아닐까. 사람이 세상에 태어났다가 간다는 건 저마다 그리움의 실존적 주인공으로서 갖가지 그리움의 농도와 위상으로 살고 그걸 남기는 것에 자기 최후를 성취해내는 게 아닐까싶다. 아름답고 곱게 남을 제 그리움의 그림자를 위하여.

※ E-mail : poetchoiii@hanmail.net

겨울 동양화 외 2편

張潤宇

화롯불 놓고 천년이
조용히 흘러간다.
구하산 붓에서
옥玉같이 구슬려 나오는
사군자四君子의 정情에
겨울밤이 화안히 핀다.

월전※ 선생께서 이르기를
"책을 만권 읽으라."
평생에 가슴속에 심고
화륙법法에 앞서
마음이 정淨해야지
심신心身이 갈앉고
눈시울을 서서히 들어
유연히 벽을 대하니
다 형통하다.

접시를 모으다 보니 별난 감이 다 든다
큰 접시 조그만 접시에 나란히 나눠 나눠 놓고

임리淋漓히 번져가는 소리
귀에 솨악 듣는다
밖엔 눈이 그쳤는지
봉당개 짖는 소리 멀고
보름을 먹은 달은 고연스레
내 외로움을 더하게 하니

에라, 오늘은 붓도 먹도 집어치고
따끈한 정종正宗이나 한잔 할까
안주로는 엊그제 끝낸
수꿩을 보지
언 듯 멀리 인경소리 들리는 듯싶어
혼자 실소失笑하다.

– 1963년 1월 1일 서울신문 신춘문예 당선작

※ 월전(月田) : 장우성 한국화가 아호, 은사.

뚜벅이 반추反芻

오로지 주인을 섬기고자 왔다
미련하고 느린 숫소 뚜벅이로 묵묵히 살다가
먹은 만큼 더 열심히 일하고
또다시 일터로 나간다.
천형天刑의 멍에를 지고
생명이 다하는 그날까지
누陋를 끼친 일은 없을까
씹고 곰곰히 되씹으며
마지막 살 한 조각, 뼈 한줌까지
모두 바치고 떠나련다.
나, 늙은 소의 숙명宿命이다.

양면兩面의 해석

같은 사물事物을 놓더라도
보는 각도가 두 가지일 때
긍정으로 보는 얼굴과
부정적으로 내려깎는 차이는
바로 그러한 인식의 차이이다
밝고 맑은 면이든
어둡고 음산한
두 면을 모두 지닌 온누리라해도
같은 값이면 등 두드려주는 온순함이
얼마나 넉넉한가.
자주 언쟁으로 치닫는
아내 혹은 이웃의 대화에서도
세상진리와 온도 차差가 뚜렷할진대
전혀 다른 사이의 긴장,
혹여 이완弛緩과 폭발전야를
어찌 해석하려나
더 너그러이 보다 부드럽게 살펴주게나,
각박하게 뛰어간들
50보步 100보일진대
양음陽陰관계도
무사無事 무념無念이며

바로 이러한 인식이 의문부호이자
문신같이 달라붙는
별다른 혼돈混沌이라네.

詩作 노트

누구인들 없었으랴마는 내게서 20대는 춥고 힘든 세월의 연속이었다. 20대의 나는 방황과 좌절의 문학청년으로서 4·19혁명과 군대생활, 5·16군사혁명을 거치고 민주화의 열기 속에서 어언 70대에 접어들었다. 나를 '구원'해준 건 문학이었다. 1963년 서울신문 신춘문예에 시 「겨울동양화」가 미당 서정주 시인에 의해 당선되었으니 황폐한 내게는 평생의 은인이 되신다. 그 이래 두 번째 시집 『속 겨울동양화』, 『오자인생』, 『뚜벅이 반추』 등 13권의 시집이 나와 만 50년여의 문단 반세기를 정리하여 준다. 이 3편의 시가 나로서는 무작위(無作爲)이나 50년 연륜의 짙은 흔적일 수밖에 없다.

※ E-mail : ywchang37@hanmail.net

오월 장미 외 2편

趙紀浩

쇠죽솥에 불 땐 얼굴
향기가 달다.

오월에 피는 보리알 서리판에
지금쯤 고향집 샛별 하나
초경 익겠다.

까치알 구워 먹다
밑 터진 무명 속곳 번져 오른 도화지

싸락눈 따 먹은 홍시 입술로
초여름 립스틱을
꾹꾹 눌러 찍었다.

풍경

바람은 풍경을 만나야
소승小乘한다

바람 길이 눈에 보이는
풍경은
바람의 속을 훤히 안다

댕그랑 댕그랑
하안거 깨지고

노스님
생불알 야위는 소리

빨갱이 꽃

성모님 이름 마리아는
히브리어로 '슬픔' '비애'의 뜻이라는데

우리 어머님 이름은
'빨갱이 여편네'로 청춘을 죽어 살아
마리아만큼 기구하게 산 세월로

산골짜기 가시덤불 속
서럽게 핀 하얀 들꽃으로 사셨습니다.

어머니는 아리고 아릿해서
안고 싶은 여인보담
안기고 싶은 여인이여.

천년을 가도
우는 빨갱이 꽃이랍니다.

詩作 노트

시 쓰기가 자꾸만 어려워집니다. 청청한 하늘에 솜털구름 하냥 흐르고 고추잠자리 떼 발치에 내려와 무심을 스며드는데 창가에 앉은 나에게 당신 시는 어려워 못 읽겠다고 등 뒤에 선 아내가 일러 줍니다.

그런 아내의 조곤조곤한 마음 하나도 못 들여다본 좁아터진 내 소견머리가 하물며 독자에게는 어떠하였을까 참으로 부끄러웠습니다. 저렇게 초연한 가실 하늘조차도 제대로 못 그리는 녀석이 글을 쓴답시고 헛기침 하고 다닌 걸 생각하면 오늘 따라 더욱 부끄럽습니다.

갈에 피는 가실꽃 쑥부쟁이 들꽃이며 코스모스의 몸짓이 어떻게 가을을 영글어 가는지 어느 때 웃어주는지 그것들의 향내와 모양새의 의미를 무엇으로 사랑하는지, 전혀 가늠할 수가 없어서 정말 부끄러워져 시 쓰기가 참으로 어려워집니다.

※ E-mail : jkh23567@hanmail.net

까치밥 외 2편

黃松文

우리 죽어 살아요.
떨어지진 말고 죽은 듯이 살아요.
꽃샘바람에도 떨어지지 않는 꽃잎처럼
어지러운 세상에서 떨어지지 말아요.

우리 곱게 곱게 익기로 해요.
여름날의 모진 비바람을 견디어 내고
금싸라기 가을볕에 단맛이 스미는
그런 성숙의 연륜대로 익기로 해요.

우리 죽은 듯이 죽어 살아요.
메주가 썩어서 장맛이 들고
떫은 감도 서리 맞은 뒤에 맛 들듯이
우리 고난 받은 뒤에 단맛을 익혀요.
정겹고 꽃답게 인생을 익혀요.

목이 시린 하늘 드높이
홍시로 익어 지내다가
새 소식 가지고 오시는 까치에게

쭈구렁 바가지로 쪼아 먹히고
이듬해 새 봄에 속잎이 필 때
흙 속에 묻혔다가 싹이 나는 섭리攝理
그렇게 물 흐르듯 순애殉愛하며 살아요.

돌

불 속에서 한 천년 달구어지다가
산적이 되어 한 천년 숨어 살다가
칼날 같은 소슬바람에 염주를 집어 들고

물속에서 한 천년 원 없이 구르다가
영겁의 돌이 되어 돌돌돌 구르다가
매출한 목소리 가다듬고 일어나

神仙峰 花潭 先生 바둑알이 되어서
한 천년 운무雲霧 속에 잠겨 살다가
잡놈들 들끓는 속계俗界에 내려와
좋은 詩 한 편만 남기고 죽으리.

禪風

노을이 물드는 山寺에서
스님과 나는 法談을 한다.

꽃잎을 걸러 마신 僧房에서
法酒는 나를 꽃피운다.

스님의 모시옷은 구름으로 떠 있고
나의 넥타이는 번뇌로 꼬여 있다.

"子女는 몇이나 두셨습니까?"
"舍利는 몇이나 두셨습니까?"

"더운데 넥타이를 풀으시죠."
"더워도 풀어서는 안 됩니다."

목을 감아 맨 십자가
책임을 풀어 던질 수는 없다.

내 가정과 국가와 세계
가슴앓이 꽃들을 버릴 수는 없다.

詩作 노트

나의 시는 기독교 불교 유교 도교 할 것 없이 비빔밥으로 잘 비벼져서 마치 종교 전시장 같기도 하다. 기독교는 첨예한 순교가 장점이라면, 불교는 대자대비 너그러움이 장점이다. 그리고 유교는 인의예지, 도교는 경계 없는 서늘함이 장점이라 하겠다. 나는 이런 영양분을 섭취하여 시라는 병아리를 낳았다. 병아리도 어느덧 닭이 되어 늙음이 왔다. 초가지붕 용마루나 기와지붕 막새 위에서 첫새벽 계명성(鷄鳴聲)을 울려 시대의 잠을 깨우지도 못한 채 「까치밥」으로 순애(殉愛)를 말하다가 「돌」로써 영겁회기를 꿈꾸면서 좋은 시 한 편도 남기지 못한 채 「禪風」으로 법담을 나누고 이웃과 동고동락하는 것으로 위안을 삼고자 한다. 나는 나의 시에서 종교의 냄새가 나지 않기를 바란다. 간장에서 콩 냄새가 나지 않고, 맥주에서 보리 냄새가 나지 않는 것처럼 그렇게….

※ E-mail : songmoon12@hanmail.net

애송시

오봉옥 … 공놀이 외 6편
전재승 … 가을 詩 겨울 사랑 외 6편
임미옥 … 사과 깎는 法 외 6편
김원명 … 배추밭 농장 외 6편
구명숙 … 채송화 편지 외 6편
김연하 … 조약돌 외 6편
지창영 … 빈 보자기 외 6편
황동기 … 개구리 외 6편
윤재학 … 깨어나는 산 외 6편
이인숙 … 여로 외 6편
박은숙 … 염전 외 6편
황의형 … 강설 외 6편
김복희 … 태양초 외 6편
이철호 … 고사한 노목 외 6편
민병완 … 허무 메우기 외 6편
전유정 … 다리미질 외 6편
김상화 … 조각보 외 6편
민미옥 … 저녁 바다 외 6편

공놀이 외 6편

오봉옥

한 아이가 학원도 가지 않고
달을 차고 논다.
발끝으로 톡톡 건드리다가
질풍처럼 몰고 가기도 하고
하늘 높이 뻥, 내지르기도 한다.
그 순간 달은 집으로 돌아갈까 하다가
저 혼자 노는 아이가 안쓰러워
다시금 풀밭에 통통통 떨어진다.
아이는 오늘
처음으로 세상의 주인이 되어
달을 차고 논다.
골키퍼가 되어 짐승처럼 웅크리기도 하고
패널티킥을 실축한 선수가 되어
연신 헛발질하는 흉내를 내다가도
어느새 다시 골 넣은 선수가 되어
손가락으로 브이 자를 그리며
겅중겅중 춤추듯 걷는다.
어라, 언제 시간이 이렇게 되었지?
아이가 달을 숨겨놓으려는 속셈으로

공중으로 뺑 차올리자
구름 벗겨진 하늘이 그것을 날름 받아
시치미 뚝 떼고 하늘가에 내놓는다.

거미와 이슬

거미의 적은 이슬이다
끈끈이 점액질로 이루어진 집은
이슬의 발바닥이 닿는 순간
스르륵 녹기 시작한다.
눅눅해진 거미줄로는
그 무엇도 붙들 수 없어
허공을 베어 먹어야만 한다.

거미는 숙명적으로
곡마단의 곡예사가 된다.
가느다란 줄에 떼지어 매달리는 이슬을
곡예사가 아니고선
다 털어낼 수 없기 때문이다.

이슬의 살은 공처럼 부드럽다
곡예사는 이슬을 발가락 끝으로 통
통 퉁겨보기도 하고
입으로 빨아들여 농구공처럼 톡
톡 내쏘기도 한다.
작은 물방울들을 눈덩이처럼 굴려
크게 하나로 만들어놓은 뒤

새총을 쏘듯이 거미줄을 당겼다 놓아
다시금 새하얀 구슬들로 쏟아지게도 한다.

이슬을 다 걷은 거미는
괜시리 한번 거미줄을 튕겨본다
오늘도 바람이 불면 그물망 한 가닥
기둥처럼 붙들고 흔들릴 것이다
그 뿐인가,
팽팽한 줄이 퍼덕이는 순간
회심의 미소를 짓기도 할 것이다.

꽃

아프다, 나는 쉬이 꽃망울을 터뜨렸다
한때는 자랑이었다.
풀섶에서 만난 봉오리들 불러 모아
피어봐, 한번 피어봐 하고
아무런 죄도 없이 상처도 없이 노래 불렀으니

이제 내가 부른 꽃들
모두 졌다

아프다, 다시는 쉬이 꽃이 되지 않으련다
꽁꽁 얼어붙은
내 몸의 수만 개 이파리들
누가 와서 불러도
죽다가도 살아나는 내 안의 생기가
무섭게 흔들어도
다시는 쉬이 꽃이 되지 않으련다.

달팽이가 사는 법

나도 한때는 눈물 많은 짐승이었다. 이슬 한 방울도 누군가의 눈물인 것 같아 쉬이 핥지 못했다. 하지만 햇살이 떠오르면 숨어야만 하는 존재로 태어났다. 어둠 속에 갇혀 홀로 세상을 그려야 하고, 때론 고개를 파묻고 깊숙이 울어야만 한다. 전생에 무슨 죄를 지어 그런 천형의 삶을 살고 있는 것인가. 등에 진 짐이 너무도 무겁다. 음지에서, 뒤편에서 몰래몰래 움직이다보면 괜시리 서럽다는 생각이 들고, 괜시리 또 세상에 복수하고 싶어진다. 난 지금 폐허를 만들고 싶어 당신들의 풋풋한 살을 야금야금 베어 먹는다.

엄니와 감옥

내가 고작 감옥문 한 번 두드린 사람이라면
엄닌 평생을 두고 두드렸던 사람입니다
말하자면 먼저 간 지아비 못 잊어
삼백 날을 꼭두새벽으로 일어나
비나이다 비나이다 이 목심도 가져가게 비나이다
하고
숫제 온몸으로 빌었던 사람이니까요.

책

책들은 계속 내동댕이쳐지고 있더구나,
한때는 핏방울처럼 뜨거웠던 자식들
한때는 칼날처럼 날카로웠던 자식들
고물상은 자질구레한 이삿짐을 올리듯이
표정도 없이 트럭 위로 내던지고 있구나.
잊혀진 늙은 혁명가며
이른 나이에 요절한 작가며
어제의 나를 동여맨 눈 붉은 전사들이
장작더미 쌓이듯이 쌓여만 가고 있더구나.
이제 누가 있어 나를 긴장시킬 것인가.
그 시퍼런 눈들 사이로 잠시 돌아가
나를 후려치고 올 수도 없는 일.
바닥에 흘린 책 한권을 들어 올리자니 울컥,
참고 참았던 눈물이 쏟아지더구나.
굴속에 숨어든 빛,
난 그 밧줄을 잡고 예까지 왔으니.
"새 책도 많네요",
숫눈 같은 책들이 쓸려가는 것을 보면서 또 마음
에 걸리더구나,
내가 찍은 고단한 발자국도 행여 그럴 것만 같아서.

할머니

할머니는 쌍것이었다.
눈이 되어 발이 되어 허리 구부리고
살았을 뿐
시집은 시집이어서 하자는 대로
살림은 살림이어서 하자는 대로
절대로 쌍것인갑다, 여자인갑다 했을 뿐
"그건 안되겠어라우" 한마디 못하셨다
하긴 전쟁터에 지아비 보낼 때도
곧 오마 하는 소리 들었을 뿐
감히 나가볼 생각 못했다
하긴 혼자되어 깔 비고 손 비고
똥장군까지 질 때에도
감히 재가는 꿈도 꾸지 못했다
할머니는 여자였다 죽어도 여자였다
하나 있는 손녀 시집가는 길 위에서
오늘도 "남편 말에 복종 잘하고…" 하신다.
두 번 세 번 눈물 찍으며 당부하신다.

詩作 노트

난 늘 자문하곤 한다. 어떤 시인으로 남을 거냐고. 나도 미당이나 정지용처럼 말을 잘 다루는 시인으로 남고 싶다. 김소월처럼 민족시인이라는 호칭을 얻고도 싶고, 김수영처럼 신드롬을 일으켜 늘 화제의 중심에 서고도 싶다. 하지만 웬걸. 그러기엔 능력도 턱없이 부족하고 게으르다. 새로운 시집들을 읽어내는 것도 버겁고 시대의 흐름을 따라가기에도 숨이 차다. 그럼에도 치열한 시인이었다는 말씀은 듣고 싶은지 현실의 끈을 놓지는 않고 있다. 내가 쓴 모든 시에는 한 시대의 그림자가 깔려 있다. 처음엔 그 무거움을 무거움 자체로 드러냈지만, 뒤에 가선 무거움을 결코 무겁지 않은 그 어떤 다른 형태로 보여주고자 하였다. 무거움이 밀어 올리는 가벼움의 세계라고나 할까. 뭐, 그런 세계를 보여주고 싶었다.

※ E-mail : obh419@hanmail.net

가을 詩 겨울 사랑 외 6편

전재승

가을엔
시詩를 쓰고 싶다.

낡은 만년필에서 흘러나오는
잉크 빛보다 진하게
사랑의 오색 밀어密語들을 수놓으며

밤마다 너를 위하여
한 잔의 따뜻한 커피 같은 시를
밤새도록 쓰고 싶다

겨울에는
사랑을 하고 싶다

네프류도프 백작을 사랑한 죄로
시베리아 유형流刑을 떠나는 카츄샤처럼
간절한 그리움이 되어

눈 내리는 겨울에는

벽난로의 불꽃 같은 슬픈 사랑 하나
목숨 다할 때까지
지니고 싶어진다.

사막에 가는 이유

누가 그랬던가.
추억을 잊으려는 사람들이 밤이면 사막에 간다고.

맨발로 끝없는 모래 위를 걸으며
사풍沙風이 휘몰아치는 사막에 간다고.

외로움의 발자국
하루 종일 달궈진 모래 속에 파묻으며
멀리 신기루가 보이는 사막에 간다고.

눈을 뜰 수 없는 모래바람 속에서
낙타가 일어나 걷는 사막
피곤한 몸으로 잠자리에 누워
밤마다 우리가 가는 사막.

화두話頭

순천에 있는
송광사 절간의 침계루枕溪樓는
계곡을 베고 누워 있다.
조계산에서 흘러내리는 물에
퇴색해가는 아름드리 붉은 기둥은
자꾸만 발을 담그고 싶어 하고
기다려 주지 않고 저만치 달아나는 계곡물
매미가 어지럽게 울던 그해 여름
땀에 젖은 승복 차림새로
사자후獅子吼에 빙그레 미소 짓던 침계루에서
꼭두새벽부터 일어나 화두를 잡겠다며
이 뭐꼬, 이 뭐꼬……
가부좌를 하고 앉아 참선한답시고
한참 헛생각에 빠져 있을 때, 문득
떠오른 현봉玄鋒 주지스님의 말씀
"중노릇 한답시고 찬밥깨나 축냈다"는
농담 한 마디에
갑자기 등골이 시려왔다.

안개꽃 사이로

사랑이여,
안개꽃 사이로
너를 그려 본다.

불러도 대답할 리 물론 없지만
더러는 아련한 미소로 다가와
별이 되고, 꽃이 되고
바다가 되는 내 사랑

흔들리는 창문 너머로
노래가 되고, 목숨이 되는
내 사랑 너를 위하여.

뉴튼과 사과나무

물리 시간에 편지를 썼다. 깡마른 K선생은 만유인력의 법칙을 분필가루로 흑판에 날리면서 두터운 검정 안경테 너머로 뉴튼의 사과나무 이야기를 했다. 계속해서 눈은 내리고, 성에 낀 교실 유리창 밖에서 그가 아련한 얼굴로 웃고 있었다. 철 지난 나뭇가지에 매달려 있는 추억처럼 삭정가지의 이파리들이 이따금씩 바람에 흔들렸다. 산골 우체부가 눈 속에 파묻혀 죽었다는 기사가 석간신문에 났다. 남몰래 쓴 일기처럼 밤새도록 써서 보냈지만, 잊어버릴만하면 오는 답장은 언제나 시들했다. 사과 한 알이 나무에 매달려 있다가 힘없이 떨어질 때처럼 지금도 창밖엔 당장이라도 눈이 내릴 듯싶다. 석유난로에 불꽃이 다 타오를 때까지는…….

휴전선 철조망

휴전선 철조망은
초록의 산봉우리를 자르고
아무런 생각도 없이 흘러가는
강물을 막아섰다
한바탕 바람도 지나고 보면
어둠처럼 아득한 시간
가을빛 비바람에 녹슬고
헝클어진 풀덤불 속에 파묻혀
뚝뚝 붉은 살점 피 흘리는
그리운 가슴 쥐어뜯으며
아린 생채기투성이로 썩고
더러는 썩어서 문드러지고
그래도 넓은 들은
노오란 민들레 벌판으로
끝없이 펼쳐져 있었다
다시 말라붙었던 강물이 흐르고
돌아앉은 산이 조금씩 숨을 돌리면
죽은 자도 하나 둘 살아오는
저물녘 어느 호젓한 산길에서라도
이따금씩 산을 욕하고 강을 나무라며
죄 없는 허리를 할퀴고도 싶었다.

우리가 만나서

우리는 만나야 한다
우리가 반만년 뿌리내린 나무의
푸른 수액樹液으로 만나서
줄기와 가지가 되어 뻗쳐오르고
한 하늘을 머리에 이고서 살아가기 위하여
우리는 피톨로 만나야 한다
가까운 산자락엔 어둠이 깃들고
풀벌레 낮은 음音으로 울음 우는 밤
어디서 조국의 이름으로
우리들의 부끄럼을 묻는다면
청춘의 갓 스물 이랑을 넘어서
휴전선 철조망을 사이에 두고
더욱 높아만 가는 벽壁을 바라보며
서로 경계를 늦추지 않는 지금
자랑처럼 가슴에 붙은 계급장은 떼어버리고
줄기로 숨차게 길어 올려 찬란히 뿜어내는
잎새들이 되고 가지가 되어
새 생명의 수액으로 만나고 싶다
뿌리로 만나서 살고 싶다
저 철조망 너머 캄캄한 음모陰謀와도 같이
가로누운 먹빛 산과 하찮은 강을 건너

따뜻한 햇볕과 맑은 물
그리고 자유로운 바람이 일고 있는 곳에서
수액이 되어 피톨이 되어
우리는 만나야 한다.

詩作 노트

두 번의 태풍과 함께 또 한 계절이 물러간다. 요즘 세상을 보면 글러먹었다는 생각이 자꾸만 든다. 유사 이래 엄청난 물질적 풍요를 누리면서도, 정신만은 빈한하기 이를 데 없다. 돈이나 부정한 방법으로 국회의원 자리를 사고팔아도, 선생이 학생에게 욕설과 주먹질을 당해도, 서울 한복판에서 묻지마 살인과 성폭행이 일어나도 사람들은 스마트폰 화면만 만지작거리고 있다. 땀 흘려 고생하는 농부나 어부들 같은 어려운 사람들 말고, 정신 나간 인간들의 잘못된 욕망을 제대로 할퀴어 줄 태풍은 언제쯤 불어줄까.

개점휴업(?)이라고나 할까, 젊은 날의 사랑과 인생을 노래하며 겨레의 분단을 아파하던 내 시의 열정도 서서히 식어가는 것 같다. 하지만 배운 도둑질이랍시고 딱히 시편 말고는 달리 삶과 세상을 노래하는 악기를 갖지 못했음을 탓할 수밖에…

※ E-mail : abtel@unitel.co.kr

사과 깎는 法 외 6편

임미옥

사과꽃 피고 지는 늦은 봄날 아침에
나는 딸아이와 나란히 원탁에 앉았다.

세월이 갉아먹은 흠집투성이 식탁에서
나는 딸에게
사과 깎는 법을 가르친다.

인생의 환상이 아니라
실체를 보는 법을 가르친다.

무딘 칼날로는 화사한 껍질을
뚫고 들어갈 수 없다.
잘 드는 칼이라도 시작할 때는
반드시 날을 곧추세워야 하느니라.

서투른 칼질에도 재미 붙인 딸아이가
껍질을 돌려 깎다가
가녀린 손가락을 베었다.

사과나무 같이 싱싱한 딸아이 손가락에
탐스러운 홍옥이 열리고
안쓰러워하는 나의 눈에서는
사과꽃이 눈물처럼 떨어진다.

내 순결을 떨어뜨려
너를 열매 맺는 아픔을 아느냐.

사과 속살 맛 사근거리듯
너와 내가 나란히 앉아 이야기를 나누는
인생의 참맛을 보려면
피 흘리는 손가락쯤은 붕대로 감아 매고
씨앗은 남겨 두어야 하느니라.

사과꽃 피고 지는 늦은 봄날 아침에
나는 딸에게서
사과 깎는 법을 배운다.

아깝더라도 벗겨내야 하는
처녀막 같은 환상의 껍질,
그 껍질이 깎이는 아픔을 배운다.

잔盞

어디에 놓이건
흔들림 없이 단아한 모습,
마음을 언제나 열어 두기로 했다.

가끔씩 찾아오는 이
뜨거운 가슴 향 맑은 숨결
말없이 받아주거나
시린 손 데워주면서
때로는
옆 잔의 침묵에 공명共鳴하면서,

빈 마음자리
선풍仙風에 젖어 살기로 했다.

먼 산 가을
저녁놀……
진달래 꽃빛으로 스러질 때
까닭 모를 눈물 차오를지라도
욕된 삶은
죽어도 아니 살기로 했다.

빨래 개키기

황혼이면 돌아오듯이……

햇살 비낀 창가에 앉아
빨래를 개키면서
선녀의 날개옷을 생각한다.

베란다 빨랫줄에서 너울거리던
청바지 다홍치마 하얀 블라우스
형형색색의 날개들을 걷어 접는다.

어느 하늘에 살고 싶어
펄럭이던 날개이기에
이다지도 빛바래고 구겨졌을까.

헝클어진 사념의 날개를 접듯이
흐트러진 식구들의 옷가지를 개키면서
날개옷 입고 떠난 선녀를 생각한다.

마른 빨래처럼
메마른 일상의 연속

이슬이 내리기 전에
걷어서 개켜야 하는 빨래처럼
인생의 황혼에는 돌아와야 하는
내 시혼詩魂의 날개를 접어
생활의 서랍에 차곡차곡 넣는다.

눈보라 속에서

눈보라 속을 떠도네.
지상의 안식처를 찾지 못하고
허공에서 부유하는
눈꽃들처럼

하늘은 아슴한데
대지는 황량하고
바람이 그를 놓아주지 않아
날개가 아픈 영혼들

숙명에 헤매 도는 미궁에서
추락의 두려움과
안식의 갈망 사이 떠돌며
뜨겁게 아우성칠 때

가슴에 시린 별을 품은 채
빛바랜 소망의 옷깃 여미고
막막한 길 더듬어
비탈 언덕 오르는
내 쉴 곳은 어디

하얀 눈무덤에 찍힌 까만 발자국들
길고 엄숙한 미사를 봉헌하는 동안
성당의 마당과 지붕에서 서성이던
눈꽃들과 함께
다시 머언 순례의 길을 떠나네.

행주를 삶으면서

저녁 설거지를 마치고
행주를 삶는다.

밥을 먹다가
흘린 마음의 부스러기,
그 부끄러움을 닦아내고
남루한 생활의 허기를 채우느라
눈물어린 가슴 언저리,
그 아픔도 훔쳐내고

삶의 구석구석 훔치고 닦아내어
깨끗한 식탁 말간 그릇 마련해놓고
혼종昏鐘이 울리는 저녁 등불 아래
고개 숙인 절절한 참회의 기도……

저무는 하루를
너처럼 살 수만 있다면
어둠도 빛이 되리.
죽음도 생명이 되리.

일상의 현기증에 가물거리는

내 몫의 십자가
천근만근 휩싸이는
하루의 회한을 삶는다.

달팽이의 외출

빛이 그리웠나 보다.
무른 몸 이끌고 나와
창밖을 기웃거리는 눈길

어디에서 나왔는지
습기도 없이 뿌우연 가슴
앙상한 유리창을 핥으며 간다.

정처 잃은 살 한 점
I자로 뻗다가 C자로 구부리다가
S자로 춤을 추다가
결국은 O자로 눌러앉아
동그라미 안에 하늘을 담는다.

껍데기 입는 삶이 서러워
유리창에 달라붙는 갸름한 눈길은
먼 하늘 그리며 기어가다가
가슴속 깊은 샘으로 감돌아드는
아주 옛날 잃었던
하늘과 땅 사이의 두레박

때로는
맑은 물 길어 올리는
옛 우물 안의 두레박,
始原의 벌레인갑다.

도예사陶藝詞

도공이여, 불을 지펴라.
마른 장작더미에
불을 처지르듯이 그렇게

도공이여,
대보름날 산불이
하늘 향해 솟구쳐 오르듯이
심정의 가마에 불을 지펴라.

그가 나를 흙으로 빚어
하늘빛 말씀으로
말씀의 갈빗대로
고운 곡선 주었거니

도공이여.
하늘을 사모하는 흙덩이
다시 세상에 나올 때는
그의 얼굴 닮게 하여 다오.

사모하는 여인의 애타는 가슴
천 갈래 만 갈래 갈라 터져도

달덩이 같은
그의 얼굴을 닮게 하여 다오.

꽃과 같이
한여름 땡볕 아래
피어나는 도라지꽃과 같이
흙 묻은 가슴 털며
청자 빛깔로
백자 빛깔로
거듭나게 하여만 다오.

詩作 노트

「잔(盞)」은 어떻게 살아야 하는가 하는 의문이 마음에 차지 않은 세상에서 초라하게 자리한 나의 분신이라 할 수 있다. 세상일이 마음먹은 대로 되지 않고, 사람들의 마음이 내 뜻과 같지 않다고 여겨져 고통스러울 때가 있다. 그럴 때면 어쩔 수 없이 나를 돌아보게 된다. 이처럼 작은 내 안에 저처럼 큰 세상을, 혹은 그 누군가를 담아보려고 그토록 몸부림쳤던 것일까. 과욕이었다. 아픔 없는 세상을 위해서는 나로부터의 작은 변화가 오히려 절실함을 비로소 알 것 같았다.

모든 것은 마음먹기에 달려 있는 것 같다. 아니, 마음 비우기에 따라 미움도 사랑이 되고 원망도 감사가 된다. 완고한 고집으로 막힌 마음을 열고 이기적인 담을 헐면 그래도 세상에는 존재의 아름다운 순간들이 많음을 느끼게 된다. 끝내 소유할 수 없는 그 아름다움을 가끔씩 느끼고 공명하는 삶을 살 수만 있어도 행복하지 않은가. 먼 훗날 석양이 비끼는 들녘을 거닐며 물어보리라. 삶을 곱게 펴왔느냐고…….

※ E-mail : mirangseng@hanmail.net

배추밭 농장 외 6편

김원명

한 달에 두어 번 농협에 간다
단말기에 영농일지를 넣으면
시설 관리비, 가스비 신용카드대금…
그간 다녀간 크고 작은 발자국들
깨알 같이 햇볕에 쏟아진다.

이랑 곳곳에 배추포기 푸르다
가뭄에도 병충해에도 강한 저 배추들,
첫째도 둘째도 셋째도
땀 흘려 꼬박꼬박 심어 놓았다
한줄기의 고구마처럼 매달려 나온 잔고
어느 볏단 부럽지 않은 풍농이다.

조그마한 농원이지만
내가 가꾼 텃밭에서 자란 배추들
지금은 내 텃밭에 밑거름이 되고 있다
웃음꽃 환히 품에 안기는
속살 노랗게 꽉꽉 채우는 어린 배추도 있다.

오늘도 농협에 갔다
자식 세 놈이 다녀간 흔적이 찍혀 있다
푸른 배춧잎이 나를 지키고 있다.

겨울 허수아비

생살 한 점 없는 허수아비
가진 거라곤 헌옷 한 벌이 전부였다
밤이슬로 목을 축이고
훠어이 훠어이 오지마라 외쳤다.

약삭빠른 참새들
외발로 멍하니 서 있는 거 다 알아버렸다
떼거리로 몰려와 배 불리고
허수아비 머리에 제 주둥이를 닦는다.

모두 다 챙겨가고
홀로 남은
텅 빈 들녘
성자처럼 하얗게 서 있다
계절의 긴 행간에 적막이 가득하다.

얼음꽃 솟아오른 땅이지만
떨어뜨린 알곡, 아직 숨을 쉬고 있다고
수만리 날갯짓 숨찬 철새들에게
머나먼 길, 쉬어가라고 손짓을 한다.

눈보라 치는 바깥세상,
홑겹 옷 한 벌 걸치고
물어뜯는 찬바람에 떨고 있다.

미역국

생일날,
어릴 적엔 어머니가 끓여주신 미역국
장가들고는 아내가
지금은 며느리가
정을 담아서 끓여준다.

다섯 해,
혼자 받은 밥상,
오랫동안 길들여진 아내의 손맛
나는 아직도 그 맛을 잊지 못한다.

한줌 미역에 물을 부으면
되살아나는 바다
가슴속 어머니와 아내가 일렁인다.

어머니와 아내가
산고 끝에 드는 첫국밥
헛헛한 몸에서 젖으로 빚어
애들을 키웠다.

산고를 겪어보지 못한 나는

어머니와 아내가
먹어야할 그 국을 먹을 때마다
목이 메인다.

돌아오는 기일에는
내가 손수 끓인 미역국을
바치고 싶다.

내 몸에 먼 곳이 있나

손이 닿지 않는다.

내 몸 뒤편,
등이 가려운데
안간힘을 다해 손을 뻗어보지만
끝내 그곳까지 이르지 못한다.

늘 어머니와 아내의 손이
약손처럼 스쳐가던 그 자리,
잠 못 드는 이 밤
나를 넘어뜨릴 듯
끝내 몸속까지 굼실거리며 기어간다.

바로 내 등 뒤인데
한 번도 닿아본 적 없는
이리도 아득한 거리가 있다니,
통증처럼 파고드는 혼자의 시간
견디다 못해 다급하게 찾는 손
어느 산사에 갔을 때 아내가 데려온
대나무 효자손뿐이다
등뼈 타고 오르던 가려움증을

겨우 쓸어낸다.

나무 손자국이 벌겋다.

달력

벽에 닻을 걸었던
열 두 척의 배,
첫배가 엄동에 출항을 하였다
무거운 짐을 싣고,

꽃비가 내리고 들꽃이 필 때도
오한에 떨며
그늘에 홀로 앉아 있었다.
가야할 매운 세월은
강물처럼 더 깊어졌다.

열 두 번째 배가
항해를 마칠 때까지
아무 일도 없이 또 한 해가 지나간다.
순항이 꼭 좋은 것만은 아니었다.
혹독한 외로움만 가득히 실은
빈 배였으니까.

망망한 바다 헤쳐 나갈 신조선新造船
열 두 척을 또 다시 벽에 매달았다
동그라미, 세모는 미리 실어두었다

새해 아침 불빛을 타전하는
일출이 출항을 기다리고 있다.

시간 허물기

그 짧은 잠,
세상의 새벽보다 먼저 깨어
하늘의 이부자리에 누운 별을 본다.
사방이 벽뿐인 하루의 시작이다.

내가 차린 밥상
혼자 앉아서 밥을 먹는데
물에 만 밥알이 자꾸만 미끄러진다.

아침 일찍 컴퓨터 열고 들어가
강변에 찍혔던 발자국 찾아 헤매었어도
시 한편 얻지 못하고
문밖이 궁금해 텔레비전을 켜본다.

세상이 소란스러워
발길을 돌려야 했다.
기다리는 사람은 오지 않고
시간은 내편이 아니었다.

유아원에서 돌아온
손녀 아진이가 고요를 깨트린다.

얼어붙었던 내 입을 풀어주고
한동안 웃음꽃을 피우기도 한다.
저물녘 아이가 돌아간 후
다시금 겹겹이 쌓이는 정적.

남은 시간을 허물며
진창 늪을 건너야 하는
나그네 길, 어디쯤에서 일몰에
견인될 수 있을까?

오늘도 어제와 같은
하루의 벽에 갇혔다.

3번아 5번 찾지 말고

아들놈 휴대전화의 은어隱語들
그 암호를 해독하는 순간에
눈물은 주식主食이 되었다.

1번은 손자, 2번은 며느리, 3번은 아들,
그리고 4번은 애완견,
나는 애완견보다 못한 5번이었다.

끝내는 아들 내외가
산 좋고, 물 좋고, 인심도 좋은
시골 고향 살이 어떠시겠느냐고
낙향을 유인하는 것이 아닌가!

그래 그게 답이라면 떠나야지 하고
편지 한 장 남기고 길을 나섰다

3번아, 5번 찾지 말고 잘 살아라
5번이 3번 너를 배 아파서 낳고,
가슴에 싸서 1번처럼 길렀건만,
애완견만도 못하게 밀려난단 말이냐

뻐꾸기는
어미도 모른다고 하지만

고향 가는 길
마을 앞 회관을 지날 적에
먼 산보며 할미꽃이 묻거든
무어라 대답해야 하느냐

그저 고향이 좋아서 왔다고
눈길을 피해 얼굴을 돌리는데
남루한 옷자락이 바람결에 떨린다.

돌덩이보다 무거운 발길이
수렁논 소처럼 더듬거려진다.

詩作 노트

나에게 시인이란 호칭은 많이 어색하다. 한평생의 공직생활이 몸에 밴 딱딱함으로 시적 정서는 그 어디에도 배어 있지 않았는데, 칠순의 나이에 청천벽력 같은 동반자의 빈자리의 슬픔과 외로움을 삭히면서 맘속에 영혼의 촛불을 켜 놓고, 제 몸을 태우면서 시 창작교실 문을 노크한 것이 엊그제 같기만 한데 시집을 두 권이나 펴내고 시인이란 호칭이 뒤늦게 내 이름 뒤 달라붙을 줄은 꿈에도 상상 못했던 일이기 때문이다. 하지만 늦깎이로 詩作을 한 나는 시 한편을 위해 몇 날 며칠 밤 부엉이가 되어 이 나무 저 나무 옮겨 다니며 부엉부엉 부리가 부르트도록 쪼아 겨우겨우 서투른 시를 만들곤 하였었다.

배추밭 농장 외 6편의 시, 모두가 내 아린 삶의 부위에 채색한 것이 아닌지 스스로 자문해 본다. 우선 배추밭 농장은 내 연금이다. 내 젊은 시절에 처자를 데리고 지겹도록 옮겨 다니던 셋방살이 애절하던 생각에 두 아들을 결혼시키면서 집 없는 설움을 그들에게 복사시키고 싶지 않아, 퇴직 시에 퇴직금을 연금이 아닌 일시금으로 수령, 집을 사주고 애들이 내 여생의 생활비를 매달 꼬박꼬박 넣어주고 있으니 그것이 내 연금이 아닌가! 어머니와 아내가 끓여주던 미역국을 대를 이어 며느리가 끓여준 그 국을 한 해 한 해 먹으면서 아직 벽에 달력을 바꿔 걸며 시간을 허물면서 겨울 허수아비 같은 나의 자화상을 그리는 것이 내 시라고 생각하며 오늘도 내 풍경화 그리기에 몰입하고 있다.

※ E-mail : ksyj21405@hanmail.net

채송화 편지 외 6편

구명숙

갈라진 길바닥 틈새에
수줍은 꽃 한 송이
배시시 웃고 있네.

독한 시멘트 길바닥 틈새에
여린 뿌리를 내리고
흙바람 속에서 내미는
앙증맞은 손

코끼리 상처를 끌어안고
가슴엔 무수한 밤하늘 별을 심은
네 초록 눈길이
품속처럼 따사롭구나.

홀로 무명無明 세상을 머리에 이고서
조촐히 몸 흔들리는
네 웃음꽃 송이를 적어본다.

배내옷

언제나 장롱 속을 깊이 꿈꾸고 있다
배냇저고리, 엄마를 품어 안고 산다.

봉선화 꽃물 번지는 아득한 그리움에
자장자장 젖내음 피어오르는 그 솜옷

꽃답게 자라나거라! 여장부로 크거라!
아롱아롱 스며나는 어머니의 숨결 아려온다.

그리움에게

이사하던 날 못을 빼다가
녹물 붉은 구멍을 보았다

망치로 두드려 박은 굵은 못
그림 한 폭을 온몸으로 떠받히며
십여 년을 살아온 못대가리가
구멍을 낸 채 순식간에 사라졌다

굽어진 허리의 못이 사라지자
상처 난 내 가슴에 살아나는 붉은 그리움
등 굽어 휘어진 못 틈 사이로
시린 바람이 등골을 때린다.

새 살림을 이루려던 굳센 못질
내 가슴에 못으로 박혀 있던 사람 하나
벽 뒷면 어딘가로 떠나가고
나도 녹슬어 휘어지는 세월의 못이었네

십자가 무게의 그림을 묵묵히 지고 견디어 온
내 가슴속 깊은 못 자국을 보며
녹슨 나, 허리 굽은 나를 어루만진다.

꿈을 꾸다

나에게 꿈이 있다면
세련미 모르는
수수한 한 포기 풀잎이고 싶다

그 풀밭에 누워
하늘 우러르다 높이 날아가는
한 떨기 이슬이고 싶다

나를 둘러싼 겉과 속
모두 벗고 떠나가는
한 점 흰 구름이고 싶다

내 꿈 속 빈 항아리를 채울 때
또 다시 푸르게 살아나는
그저 막사발 시이고 싶다.

봉선화 꽃물을 들이면서

딸아, 내 사랑하는 딸아!
너는 마침내 꽃잎을 따는구나
초롱초롱 꿈을 머금고 서있는
땀 구슬로 맺힌 꽃송이를

씨앗을 심고,
눈이 빠지도록 들여다보던 봄날
조심조심 어루만져 새싹을 가꾸어온 날들
꽃이 피는 초여름까지 얼마나 노심초사 하였니

매니큐어 화려한 세상을
너는 흙으로 시작하였구나
무딘 자연보다 조미료에 익숙한
너무나도 급한 세상, 네모나게 맞추어진 세상

어리숙한 삶의 길, 돌아서 멀리 가는 에움길
넘어져 무릎 깨질까 염려하면서도
짜여진 그물을 뚫고
너에게서 머나먼 별 세상을 만난다.

황홀한 도시의 빛, 찬란한 명성의 빛

그보다도 더 아름다운 세상 빛은
네가 물들이는 봉선화 꽃물
살아 숨 쉬어 일렁이는 그 목숨의 빛을.

노동시장에서

새벽바람 속에서
사람들의 빠른 행진을 바라본다
하루가 왁자하게 열리고

저마다 아픈
생의 가시나무 꽃을 피우려고
하루의 품삯에 몸을 던지는
남루한 소리들이 힘차게 떠돈다.

사내들은
미지의 평원에서 무지개를 쫓지만
빈손 되어 돌아오는 날 허다하다며
긴 한숨을 삼킨다.

부지런히
하루를 여는 사람들의 눈빛
떠오르는 햇덩이보다 뜨겁다
동쪽 하늘에 절하며
또 하루 길을 꾸벅꾸벅 걷는 사람들

오늘 하루의 꿈을

놓치지 않으려는 꼭 다문 입술
질경이 행렬을 바라본다.

몽당연필처럼

고사리 손 꾹꾹 눌러
몽당연필 일기를 쓴다.

열 살 난 아이의 하루 분
놀이들이 일기장 속에 쌓이고
연필은 하루만큼 제 몸을 덜어낸다.

고단한 하루를 쓰고 또 지우고
풀고 또 풀어내는
복습과 예습을 되풀이한다.

닳아진 제 몸을 스스로는 보지 못하고
자꾸 더 작아져가는 몸뚱이로
신바람 신바람 그려내는 작품들
아이는 저 몽당연필로
세상을 얼마나 더 가질 수 있을까

삶이란 어차피 닳아가는 연습인 걸
연필처럼 제 몸 덜어내며 살아가야지
늙어도 부러지지 않는 연필처럼 그렇게.

詩作 노트

나의 시 쓰기는 문득 이루어진다. 어느 순간 섬광처럼 유동치는 詩想을 놓치지 않으면 시심이 가라앉지 않고 일어나 시 한편을 완성하게 해 준다. 완성이라는 말은 나 나름의 시 한편이 되었다는 뜻일 뿐이다. 읽어보면 늘 꽉 차지 않아서 새롭게 채워보려 하지만 쉽지 않다.

단순 명료함으로 깨끗한 울림을 주는 표현을!, 반역을 저질러 보고, 개성적인 색칠을 해보고, 시적 긴장을 주며 무게와 깊이를 강화하고 싶다. 나의 시어를 만들어 언어의 저수지에 새 말을 불어넣어 주는 신선함을 맛보고 싶다.

※ E-mail : k9350m@hanmail.net

조약돌 외 6편

김연하

얼음이 녹아 흐르는
세찬 물살에
새알처럼 다듬어지고

소용돌이 속에
만나고 부딪치며 깎이는
인연의 여울목에서

주름살 깊어갈수록
삶의 잔재미가 모여
세월 따라 둥글게 둥글게
사랑의 윤선輪線을 그려가네

먼 산은

구름을 벗어난 먼 산은
참선하여 해탈하려는 고승처럼
초연히 좌선을 하는 중이라네

고요 속에 침묵하며
법열法悅의 깊은 이치를 깨달아
도량이 넓고 맑게 일깨우는 듯

누구에게나 열려진 공간
스며든 해를 가슴에 안은 채
목마른 이에게 감로수가 되고

아픔의 세월 번뇌에 찌든 육신도
영혼의 꽃을 피울 수 있도록
언제나 유유자적悠悠自適하는 걸

멀리 있어도 누구에게나
너그럽고 자혜로움 가득히
묵언수행默言修行중이라네.

달그림자

달빛이 방문을 열면
낯익은 모습으로
저만치 걸어가는 그림자 하나

눈을 감으면
다정다감한 얼굴로
꿈처럼 다가오는 그 모습

인연 엮어놓고 떠난 뒤
밝은 달이 고갯마루에 올라
나뭇가지에 걸려있는데.

소쩍새는 밤새 울어도
새벽은 오지 않고
님 그림자만 가슴에 있네.

구두

새로 구입한
구두 뒤축이 길에 쓸리고
반듯하게 닳지 않고 비스듬해져
길들이기를 해가네.

아무리 발끝을 모아 걸어도
언제 풀렸는지 모르게
밖으로 튕겨 나가
한쪽으로 비스듬한 것을……

질곡 없는 삶 어디 있으랴
살아가며 후회 많은 날들
삶의 중심이 기울어져가고
깜짝할 사이 흐르는 세월

골반이 기울면 기울수록
뼈가 사근거리다 주저앉은 듯
낡은 뒤축과 밑창이 어긋난 채
저녁노을처럼 기울어가네.

겨울 소나타

바람이 빗질하는 하늘
진통 끝에 순산한 달덩이가
새털구름을 다리미질한다.

마음이 둥둥 떠다니는
어두컴컴한 산골마을에
별이 반짝이며 쏟아져 내리고

문명의 불빛들은
하늘의 별들과 교신하는 듯
공중으로 빛살을 퍼트려

산야의 침묵을 깨우느라
우거진 숲 넉넉한 어깨위로
교향곡을 깔아 놓는가?

변화무상한 선율이
지상에서 천상으로 흐르며
끝없이 울려 퍼진다.

학鶴

양재천에 두루미 한 쌍이
긴 목을 빼고
다리를 날개에 묻은 채 날아와
고고孤高하게 춤을 춘다.

백조 발레단의 춤처럼
우아한 곡선의 몸짓으로
시작도 끝도 없이
한없이 불사르고

가슴을 휘젓고
꽃잎마다 반짝이는
보석 같은 춤사위가 들어와
내 영혼을 녹이듯

천고의 백조가
다정하게 나래 펴고
푸른 갈대 출렁이는 개천에
구름이 나르듯 춤을 춘다.

청송青松

백두대간의 황장산에 뿌리내려
우뚝 서서 세월을 품고
천하를 굽어보는 소나무여!

비바람과 눈보라에 몸을 삭혀도
언제나 영롱한 초록빛을 지니고
선비처럼 꿋꿋하고 여유로워.

앙상한 가지만 남기고
엄동설한에 눈 덮일 때에는
두터운 갑옷으로 추위를 막아

옹이를 잉태하는 아픔에도
푸름 뚝뚝 떨어지는 솔향기는
속세의 온갖 번뇌를 걷어내며

의리義理와 지조志操로
씩씩한 기개氣槪를 지닌 채
불같이 치열熾烈하게 사는 삶

긴 머리 일렁이는 구름 속에

하늘 우러러 영혼을 이야기하듯
천하를 굽어보는 소나무여!

詩作 노트

시는 우리 주변에 많은 사람과 사물 가운데에서 어떤 것이든 소재로 선택하기는 어렵지 않지만 그것을 시(詩)로 만드는 일은 결코 쉽지 않습니다. 체험과 상상력의 적절한 버무림으로 그 시를 맛깔스럽게 만들어 내야 하기 때문입니다. 시를 살리는 것은 소재도 중요하지만 시인의 치열한 상상력이라고 말할 수 있겠습니다. 시의 매력은 첫째 감동입니다. 따라서 시는 소재와 주제, 내용의 표현 등 어느 한 부분이 잘되었을 때보다 두 가지 이상 입체적으로 조화가 잘 이루어졌을 때 훨씬 균형이 있음을 알게 됩니다. 둘째는 그 감동은 삶의 진솔한 경험에서 나온다고 생각됩니다. 저의 시는 인간의 본질과 사랑을 담았습니다. 또한 삶의 고통을 역설적으로 다루고 시적인 형상화(形象化)를 이루어 인간 사회의 고리를 한의 정서로 풀어내고 상상력을 높였습니다. 마지막으로 간결한 언어로 함축미를 살리려 노력하였습니다.

※ E-mail : godamkim@hanmail.net

빈 보자기 외 6편

지창영

산처럼 무겁게 왔다가
새털처럼 가볍게 되돌아간다.
스승님의 보자기는……

야무지게 묶인 매듭을 풀 때마다
쏟아져 나온 꿀 같은 사연들이
어느덧 다섯 수레는 될 듯하다.

싱그러운 시의 초원을 풀어헤치던
푸른 보자기
잘 익은 사상의 능금이 가득했던
빨간 보자기
항아리 속에 상상의 감주가 출렁이던
자줏빛 보자기

감당할 수 없는 사랑을 부려 놓고
하나같이 겸손하게 접혀서
모퉁이에 켜켜이 쌓여 있었다.

돌려드리려고 먼지를 털어내니
과즙도 향기도 날아가고
터질 듯 팽팽하던 긴장감도 다하여
탄력 없는 주름뿐이다.

마른 손 위에
빈 보따리를 얹어 드릴 때
잔속에는 술이 차오르고
창가에는 노을이 비끼고 있었다.

찜질방에서 2

일상의 누더기를
모조리 벗어 던졌다.

세포를 파고드는
불가마에 나를 태우기 위해

스님은 사리를 남기겠지만
나는 무엇을 남길까

무심한 발길에 유명을 달리했을
개미 한 마리도 살려내지 못한 채
죄로 얼룩진 중생……
가벼이 던진 언어의 돌멩이에
상처받은 이도 있겠지

깨알 같은 생각에 잠긴 내 앞에는
땅 문서를 등 뒤에 숨기고
매국의 도장을 누르던
검은 손의 후예도
빠지지 않는 햄버거 비지땀을 흘린다.

먹은 것이 없는 나는
야윈 몸을 일으켜
달궈진 돌 앞으로 다가선다.

얼마나 태워야
욕심까지 다 태우고
사리 같은 시 한 편 남길까 하고.

겨울 들녘

세상이 싫어질 때는
겨울 들녘을 찾는다.

한 차례 생로병사가 쓸고 간 자리
나지막한 산자락 하나 베고
초연히 누워있는 빈 들판

풍성함을 떠나보내고
맨가슴으로 시린 계절 끌어안고
사색하는 철학의 시간

사계절을 응축하여
과감히 생략할 줄 아는
추상抽象의 멋스러움

그 정지된 움직임에서
침묵의 여유를 배운다.
불혹不惑의 자존심을 배운다.

뿌리 깊이 묻어 둔
상처인들 왜 없으랴

강물처럼 흘러넘칠
설움인들 왜 없으랴

침묵이란 이런 것이리
모든 것을 생략하고
깊고 푸른 하늘 한 번
우러르는 것

침묵이 그리울 때는
겨울 들녘을 찾는다.

고향이 그리운 날

총알이 빗발치고
부상병을 태운 헬리콥터가
사납게 솟아오르는 가운데서도
하품을 하며 담배를 피워 물던
디지털 영화 속 어느 병사처럼

어느 덧 나도
전쟁에 이골이 난 병사가 되었나
웬만한 죽음 소식에는
눈도 깜박하지 않는다.

가족들을 독살하고 투신했다는
그 남자의 유서에도 나의 눈길은
검시관처럼 예사롭기만 하다.

아직 살아있는 나는
아까운 여중생이 감전돼 죽었다는 소식에
비가 오면 맨홀 뚜껑은
절대 밟지 않으리라 생각할 뿐이다.

무사히 참호로 귀환하면

아내와 아이의 생사를 먼저 확인하고
안도의 숨을 내쉰다.

총에 맞은 그 병사는
집으로 가고 싶다고 말했다.
부모를 만나고 싶다고……

성냥갑 같은 아파트 창들이
제각기 다른 전쟁영화의 불빛을
뿌옇게 뿜어내는 밤
나도 왠지 고향이 그립다.

뜸부기가 논둑에서 울고
저녁 어스름에
젊으신 아버지가 꼴 한 짐 지고
어린 나를 앞세워 사립문 들어서던
디지털도 모르던 때가 있었다.

해바라기

당신과 나 사이에는 늘 바람이 불었어요.
때로는 비가 왔지요.
먹구름 속에서도 흔들리며 자랐어요.
어쩌면 너무 먼 곳을 바라보는지도 몰라,
어둠 속에서 고개를 꺾을 때도 있었지요.

수평선 너머 당신이 가시던 날
파도가 일렁였지요.
출렁임이 뿌리를 타고 전해 오면
멀미가 나서 그만 주저앉고 싶어져요.
좌표를 좇던 레이더는 초점을 잃고 날개를 접지요.

누군가는 기다림에 지쳐 쓰러졌다거니,
누군가는 풀밭에 목을 떨구었다느니
소식이 들려올 때마다 그만 키를 낮출까 생각도 하죠.
바람이 전하는 은밀한 암호에 다시 고개 들어요.
바람에 숨겨진 양분이 그리도 많다는 것을 알지 못했어요.
씨앗이 까맣게 여물 때까지…….

부질없이 전송했던 메시지가 헛된 것만은 아니었던지,
흑점이 하나 둘 내려와 박히도록 당신을 우러러 닮아가고 있어요.
당신은 그렇게 멀리 있었던 것만은 아니군요.
당신이 없으면 나도 없어요.

신국神國의 아침

구만리 장천을 날아온 주작朱雀이
불타는 하늘을 열어젖히면
먹빛 장막이 일시에 걷히고
붉은 여의주가 솟아오른다.

하얀 의병이 석양빛 꽃으로 쓰러져도
희미한 달빛 아래 홀로 서 있던 칼
그 푸른 서슬에 맺혀 이슬도 밤을 새웠다.

어둠에 짓눌려 소복을 적시던 안개의 입자들이
해원解怨의 춤을 추며 승천하고
화석처럼 켜켜이 굳어진 서릿발 풀려
상봉의 눈물로 보석처럼 빛나는 산천

산맥이 용의 비늘을 반짝이며 기지개를 켜면
능선을 넘어 부챗살처럼 펼쳐지는 희소식
갈증을 이겨낸 황금가지 위에서
불새의 후예들도 새 소식을 전한다.

폭풍우 속에 고이 숨겨 두었던
동방의 빛이 떠오른다.

잠들지 못하고 검푸르게 일렁이던 강물은

덩실덩실 황금빛 춤사위로 화답하고
죽은 듯 엎드려 있던 들판이
황소처럼 콧김을 뿜으며 일어선다.

숨죽였던 반도에 열리는 쾌청의 하늘
심봉사 눈을 뜨듯 천지가 개벽하고
제국帝國보다 찬란한 신국神國의 아침이 열린다.

파도리 조약돌

어지러운 바람은 귓전으로 흘리고
조약돌 하나만 집어 들고 왔다.

밀려와 발목을 어루만지는
바다의 언어들이
설익은 생각들을 다독일 때

모가 닳지 않았던 시절이
하얀 포말로 일어선다.

때로는 쓰다듬고
때로는 몰아치는 파도의 말씀에
깎이고 부서지던 상처들

얼마나 다듬어졌나,
얼마나 더 닳아야 하는가.

쌈지에 간직한 채
세월의 무게를 가늠하며
가만히 매만져 보는 파도리 조약돌.

詩作 노트

디지털 세상은 파도가 잠잘 날이 없다. 어제의 산은 바다가 되고 오늘의 바다는 내일이면 사막이 된다. 산이든 바다든 사막이든 반석 위에 서서 흔들림 없이 시를 쓰고 싶다. 한 순간도 머물지 않고 흐르던 시간이 요즘은 폭포처럼 쏟아져 내려 어지럼증이 인다. 거슬러 오르려 해도 거역할 수 없는 시간의 폭포 속에서 문득 나의 시는 아직 갈 길이 멀다는 것을 알고 잠에서 깨어난다.

무슨 일을 하던 본업은 시인이고 싶다. 월급 받지 않아도, 베스트셀러가 나오지 않아도 좋다. 시대를 꿰뚫어 보고 앞날을 예감하는 예언적 시인이 되고 싶다. 산마루에 우뚝 서서 멀리 밀려오는 해일을 바라보며 경고의 메시지를 날려야 하겠다. 그러나 폭풍 너머 새로 뜰 무지개를 잊지 않고 보여 주련다.

때로는 불편한 시, 그러나 새 세상의 희망을 안겨 주는 위안의 시가 되었으면 좋겠다. 변화를 주시하되 휩쓸리지 않고, 제자리를 지키되 고루하지 않은 시인이 되고자 늘 깨어 있어야 한다. 오늘 밤에도 새로 뜨는 별의 신호를 수신한다.

※ E-mail : jck-mail@hanmail.net

개구리 외 6편

황동기

몸을 움츠리는 까닭은
더 멀리 뛰기 위함이라 하지만
나는 그냥 뛰고 싶었다.

겨울잠을 자는 것은
새봄을 찬양하기 위함이라 하지만
나는 그냥 달리고 싶었다.

움츠림도 겨울잠도 아랑곳없이
마냥 뛰고 달려와 보니
한 아름 품에 안긴 것은
욕망의 부스러기뿐
꿈은 아스라이 멀리 잠긴다.

뛰고 뛰어도 우물 안 개구리
일월日月은 창공에 서성거리나니
젊고 젊은 시詩의 바다로
불사不死의 방주方舟를 띄운다.

거울 앞에서

동이 틀 무렵
한 사내가 거울 앞에 섰습니다.
서리 내려앉은 머리는
아득히 먼 길
숨 가쁘게 달려온 이정표.

배가 고파
진달래 꽃잎 따먹던 소년,
꽁보리밥 도시락도 감지덕지하며
허리춤에 메고 뛰던 소년이
거울 속에서 웃음을 만들고 있습니다.

기름때 가셔질 날 없던 손가락
쓰러질 듯 쓰러질 듯 쓰러지지 않으려고
스스로 가누며 별을 세던
남루한 청년도 거울 속에 있습니다.

거울 속에는
소년이 있고 청년이 있고
아버지와 아들이 있습니다.
오늘은

어머니의 따뜻한 미소도 있습니다.

사내는 그것으로 족하다고 합니다.

금산사 계곡에서

가을은 깊어 고즈넉이
산사山寺에 그림자 드리우고

통나무로 엮은 다리에
노승老僧이 새긴 글

인류人流
수불류水不流

"사람은 흐르고
물은 흐르지 않는다"고.

긴 세월 흘러도 정든 계곡
예나 지금이나 변함없는데
인류노승人流老僧도 흘러갔는가
어느 강 그리워 흘러갔는가.

유년의 언덕 1

– 누님 생각

성황당 고개 마루
소나무 숲
산비둘기 소리 정겹고

황토길 가는 소달구지
그 뒤를 맨발로 따라가는
뙤약볕 이십 리 길

싸리나무 울타리에
붉게 매달린 앵두 같은
누님의 연지볼 생각

버선발로 반기는 새각시 누님
집에 가서 형들과 나눠 먹으라고
삼베 저고리 양 주머니에
가득 가득 채워준 빨간 앵두

석양 빛 앞세우고 콧노래 부르며
성황당 고개 넘어 돌아오는 길
두툼했던 주머니 홀쭉해지면
또 다시 다가오는 누님 생각.

남산 성벽城壁

산발한 억새풀들
깨어진 기왓장 틈에서
흘러간 세월에 숨죽여 운다.

찬바람 몰아치는 고도古都
무너진 성터 곱사등 드러낸 채
낙엽들도 바스락대며 운다.

부귀영화는 쓸려간 지 오래인데
아직도 잠들지 못한
한 서린 영혼의 슬픈 노래가
갈대밭을 휘돌아
성벽을 맴돌고……

산마루에 쉬어가는 구름도
노을을 마시고 벌겋게 운다.

인생
– 바둑 이야기

이정표조차 없는 광활한 벌판
저마다 제 길을 걷던 나그네
서로의 가슴을 탐색하며
미지의 땅을 얻기 위해
한번 디딘 발길은 되돌릴 수 없다는
일수불퇴一手不退의 일전을 치른다.

일전은 초마다 뜨겁거니와
아생연후살타我生然後殺他라고
모든 걸 이미 눈빛으로 알고 있다.

"내 집 지으려면
남의 집도 인정하라"는
아름다운 상생의 미덕에
탑처럼 쌓이는 우정
승자도 패자는 없는 비김으로
오늘도 피나무 향기 그윽한
광활한 벌판에서 삶의 지혜를 배운다.

소나기

그렇게 당차게 달려와
무엇을 말하려고 하는가.

그렇게 질풍노도처럼
몰려와
어쩌려고 하는가.

가슴에 담아두었던 분노
폭포처럼 쏟고 나면
어차피 일곱 빛깔 무지개로
화해하지 않으면 안 되는 것을.

詩作 노트

기술 세계에서는 사는 일에 나름대로 어떤 성취감으로 보람은 있었으나 여기엔 연령의 한계가 있어 이제는 떠날 시기가 다가 왔고, 떠나게 되면 이정표 잃은 허무한 여생이 석양 속으로 쓰러질 것이라는 안타까움에서 남은 생애의 영원한 동반자가 될 수 있는 문학을 찾은 것이다.

나는 아직 시인이 되었다고 생각하지 않는다. 이 소 시집은 내 인생에 스스로 그린 꿈의 무지개이다. 나 스스로에게 긍지와 희망을 심어주는 하나의 '소망의 고리'이다. 이 삶이 다 할 때까지 온 힘을 다하여 뒤늦게 찾은 꿈의 농원을 한 골 한 골 일구어 나가리….

※ E-mail : hwangdk1932@hanmail.net

깨어나는 산 외 6편

윤재학

한 마리의 거대한 짐승
먼 산이 꿈틀대며 내게로 다가온다.

물안개, 봄 아지랑이
겨울 내내 꼼짝도 않던
커다란 한 마리의 짐승 마침내
훈훈한 입김을 뿜으며 털을 세운다.

그 속에 품은 풀이며 나무, 시냇물
심지어 묘지 속 삭은 뼈마저도
봄 입김에 가지런히 일어서는 부활의 숨결

새들은 노래하고, 눈 녹인 훈훈한 바람
길고도 깊었던 겨울잠을 흔들어 깨우나니
우련히 온몸으로 번져나가는 엷디엷은 색조

한 마리의 거대한 짐승
먼 산이 꿈틀거리며 내게로 다가온다.

학 울음소리

천년 학의
울음소리를 듣고 싶다.

그것도 일생일대
한 생生의 절정에서
푸른 하늘이 깨어질 듯
하얀 두 날개를 활짝 펴고
세상의 모든 정기精氣를 한 몸에 모아
이 천지가 떠나갈 듯 우짖는 천년 학의
그 고고한 울음소리를 듣고 싶다.

어느 대숲 소리도
어느 거문고 소리도
감히 흉내 내지 못할
천고千古의 아름다움을 한 데 모아
이 세상 오염을 꾸짖는 천년 학의
그 맑고 고운 울음소리를 듣고 싶다.

종갓집

좌청룡左青龍, 우백호右白虎
산으로 둘러싸인 정토淨土
한옥 검은 기와 치켜 올린 처마 끝
푸른 하늘로 날아오를 듯 날렵한 남주작南朱雀

울창한 숲속 풍성한 매미소리
앞내 맑은 물소리 한데 어울려
이 여름을 유장하게 노래하니

이끼 낀 바위를 끼고 돌아
그 집 솟을대문을 들어서면
마당 가득히 번지는 햇살무늬

사랑채엔 묵향墨香 가득 옛 시문詩文이 감돌고
안채엔 정갈하게 차려입은 안주인마님
뒤란엔 양지쪽 장독대에 한여름이 졸고

가녀리게 부는 바람
백일홍, 봉선화, 채송화
갖가지 꽃잎들을 스치며 불고 있네.

선남선녀善男善女

밤마다, 밤마다
깊은 샘물을 퍼 올리는
여인이 있어…

밤마다, 밤마다
깊은 샘물을 퍼 올리는
여인이 있어…

세상은 이렇게
맑은가보다

날마다, 날마다
해를 향해 화살을 겨누는
사내가 있어…

날마다, 날마다
해를 향해 화살을 겨누는
사내가 있어…

세상은 이렇게
밝은가보다

섬들의 어깨동무

시낭송회 날
감상실은 고요한 시의 바다
운율 속에 번지는 시의 감흥
시위를 떠난
그 많은 언어의 화살들
행과 행 사이의 공간
나비는 춤을 추고

연과 연 사이의 공간
바다가 출렁이는가 하면
때로는 공간과 공간 사이
보이지 않는 팽팽한 긴장감
그 속에 용해되는
물소리, 바람소리, 영혼의 노래
그 높낮이 음향, 상상의 나래

무한히 퍼져나가는 시적 환상과
응축된 섬, 섬, 섬들과 그들 사이에
마주치는 시간과 공간 미학美學
시의 돋을 샘, 언어의 축약
나도 그들 속에 빛나는
하나의 영원한 섬이 되고 싶다.

세모시 적삼

세모시 적삼
눈부신 한여름

육목단 아문 꽃자리
눈물이 서려

창포물에 곱던 아미
새하얀 모시

청포도 알알이 박혀
새하얀 구름

조선여인의 품새를
더욱 높이니

청자 빛 하늘아래
곱고 고운 자태

곡두선曲頭扇이
스치는 풍경소리

서연한 아름다움
조선의 여인…

빨래

푸른 가을하늘 아래
펄럭이는 빨래들의 함성

개구쟁이
아이들이 입었던 바지와

땀 흘려 일한
아빠가 입었던 와이셔츠와

부엌에서 기름으로
얼룩진 엄마의 행주치마

그리고 갖가지 색깔의
내복과 수건과 양말들

깃발처럼 나부끼는
행복한 가정의 오후…
맑은 햇볕이
그들과 함께 놀고 간다.

詩作 노트

진정 시다운 詩를 쓰려면 먼저 인간으로서의 품격이 제대로 갖춰진 연후에 생각할 문제가 아닌가 생각된다. 기본적으로 대자연과 인간에 대한 사랑 없이 이루어진 詩는 맹목(盲目)의 허구에 불과하다고 볼 수밖에 없기 때문이다. 그리고 작품 하나를 얻기 위해서는 시간을 두고 기다려야 하지 않을까 생각한다. 그리하여 어느 순간에 영혼의 샘물에 詩心이 무르익어서 넘쳐날 때 그것을 재빨리 받아내어 언어의 상자에 문자화하여 소중히 갈무리해 두었다가 시간을 두고 갈고 닦는 과정을 거쳐 나오는 한 편의 영롱한 시, 그렇게 태어난 작품이 진정한 의미의 시작품이 아닐까 생각한다. 이렇게 자연과 인간을 해치지 않으려는 맑은 영혼과 사랑, 그런 과정 속에서 우리들의 영혼을 울리는 아름다운 詩는 태어나리라 생각한다.

※ E-mail : jhyoon40@naver.com

여로旅路 외 6편

이인숙

사람은 누구나 가슴에 숲을 가꾼다.
柳綠의 숲 淡綠의 숲 靑綠의 숲을.

한여름 잡초 우거져 자귀나무 꽃그늘에
길이 막혀도
돌아오는 길목에 노둣돌을 놓는다.

사람은 누구나 가슴에 바다를 기른다.
柳綠의 바다 淡綠의 바다 靑綠의 바다를.

끝없이 보채는 파도 앙탈하며 일탈하며
허망을 꿈꾸다가 산허리로 감돌아
돌아오는 길목에 거룻배를 놓는다.

우리는 모두 가슴에 무엇을 기른다.
천둥 먹구름 속 빈 하늘 헤매다가
푸른 안개 걷어내고 새벽을 연다.

상수리나무

우리네 야산엔 상수리나무가 많다. 오며 가며 밑도 들기 전에 발로 구르다 안 되면 돌로 내려친다. 성급한 이는 떡메를 들고 와 생살을 짓찧는다. 열매를 많이 단 해는 아예 울장을 내버려 몸통만 덩그라니 남는다. 키 작은 무릎에서부터 한길 자란 허리 좀 더 크면 어깨. 아예 흰 수건을 질끈 동여맨 맨상투로 시린 겨울을 맞는다. 온몸이 공이 투성이나 천성이 단단하고 속살이 매끄러워 잘하면 양가댁 안방 장식장으로 쓰이련만 겨우 한자 남짓 떡살이나 여인들 쌍륙놀이 말 노릇이 고작이다. 운이 좋아 손재주 있는 머슴 손에 안기면 지게 목발이나 지게다리 바작 받침으로 명줄을 잇겠지만 곧은 결 쩍 소리 한번 못하고 쇠죽솥에 던져지는 장작이나 안방이나 사랑방 군불 땔감이 고작인 신세다. 우리네 야산엔 질 좋은 상수리나무가 많다. 무릎관절에서 허리관절 어깨 골절에 바닷가 빠돌을 주워 지지면 어혈이 풀린다는데 오늘도 목욕탕 한증탕엔 뭉친 어혈을 푸느라 쌩땀을 흘리는 여인네로 장사진을 이룬다. 모두가 결 좋은 상수리나무들이다.

목련木蓮

꽃구름이더라.
地心까지 타드는 무더위 속에
흐벅지게 피어나는 물안개더라.

아아, 그러나
눈 잘리고 잎 잘린 몽당가지로
더러는 뿌리 뽑혀 몸살도 앓겠지
검은 매연 흙가루에 깜부기도 일겠지.

사랑은 한평생 다듬은 나무지야
꽃눈 살피듯 꽃눈 살피듯
아픈 살 토닥토닥 가루분 터는 햇살
새살 돋는 그리움으로 움을 틔우라.
꿈을 꾸는 바램으로 가지 뻗어나거라.

그리하여 어머니
곱다듬한 옥양목 진솔로 바래시듯
푸새움 싱그러운 목련동산이거라.

일상

아침 굶고 종종걸음 치는 큰아이
조교 임기 끝나면 의대 편입한다니
끝이 보이지 않는 터널이다.

쉰 넘어 전임된 아비나
정년 앞두고 계단에서 떨어지고
교실 찾아 헤매는 꿈을 꾸는 어미나
삶은 암벽 타기다.

면서기 하시면서
나가세 받으시러 다니실 때
아버지 조반 굶고 팔십리
고무신 닳을까 마을 앞 논물에 발 씻고
쌀독에다 금 그어
어미 살림 다닥드릴 때
어머니, 아린 이를 찬물 한 동이로 지새웠고
손톱 발톱이 양은 조각 우그러지듯
삶은 생존앓이였다.

TV 켜니
은행빚 내 로또복권 사기

달리는 열차에 뛰어들기

혼자 죽기 억울하여
신나 뿌려 다함께 죽기

TV 채널 돌리자
섬진강 어디 매화촌에 매화꽃이 활짝.

지리산 패랭이

노고단 정상을 오르다
연분홍 패랭이꽃
씨앗 받아 옥상에 뿌렸더니

흩적삼 앞섶 올라간
숙모가 웃고 섰다.

세연정

어릴 적 봄은 온통
유록이었지.
찔레순을 따거나 삘기를 뽑던 손에
묻어나는 초록물
다슬기를 삶으면 우러나는
감청의 맑음이었지.

그 여름
폭우에 휩쓸려 떠밀려온 바닷가
기름때 묻은 발목을 빼낼 수가 없었지

폐기물 위에 올라가는 빌딩 아래
터진 수도관에 발을 담그고
끝없는 망망대해
완도 세연정을 떠올렸지.

아스라이 눈발 내리고
캄캄한 겨울바다에 나가보니
바다는 경지작업을 끝낸 정연한 질서 속에
도심보다 깊은 빌딩
화려한 꽃밭이었지

그 속에 빨간 동백은
세연정 연못에서 예쁘게 웃었지.

낙엽 인생

안타까운 밀의密意를 흩뿌리는 은행잎
핏빛 염원을 쏟아내는 단풍잎
제자리 내어주고 새 질서를 세우는
저 생명의 아우성
내 유년의 나뭇잎 청록의 잎은
어느 하늘을 날고 있는가.
매캐한 매연의 눈시림이다.

바람은 종로에서 청계광장으로 부는데
청계천에 발을 담그고 삼다수를 마신다.
제주 풍림원에서 불어온 바람에
차곡차곡 쌓이는 낙엽
나는 왜 낙엽을 보면 밟고 싶어지는가.

밟힐수록 속눈이 환해지는 三界
三界火宅에 새 질서를 세우는
저 소리 없는 아우성,
낙엽은 인생, 인생은 낙엽……

詩作 노트

어느 날 문득, 하늘의 흰 구름, 땅 위의 생물, 인간에 이르기까지 무한허공(無限虛空)을 자맥질하다 돌아가는 것이라는 생각이 들 때 이 시공(時空)에 물 한 방울 보태는 것은 아닐지.

"시(詩)의 기능(機能)은 세계의 슬픔과 조화(調和)시키는 것이다."라고 말한 하우스만의 말대로 거미줄같이 얽혀 있는 인간의 관계 속에 심금에 닿는 단 한 하나의 이미지라도 만들고 싶다.

양심의 가치를 어떤 이는 민족(民族)으로 어떤 이는 신(神)의 귀의(歸依)로 세우는데 자신만이라도 모색해보자는 작은 몸짓이 글쓰기라면 내 글은 철저히 나이어야 할 것이다. 무엇을 쓰며 어떻게 쓸 것인가. 자칫 서정성마저 잃어가는 것은 아닌지 두렵고도 두렵다.

염전鹽田 외 6편

박은숙

노동에 익숙한 손으로
수분을 길어 올리고 있었어.

가슴에 일렁일렁
투명하게 반짝이는 물비늘
어머니의 손끝에서 묻어나던
그 정갈함이 쌓이자
삶의 진실이 반짝이고 있었어.

어둠 속에서 슬픔을 접고
바다의 땀방울을 증발시킨
짭짤한 인생의 결정체였어.

잡다한 번민을 증발시키면
침전된 생애의 부산물들…
재에서 추출한 그리움의 핵연료.

욕망의 그물에 걸리지 않고
새롭게 살아나는 바다 숨쉬기
들숨 날숨 사이의 눈물이었어.

바람 좋은 날

원앙을 감싸던 이불 홑청
햇볕에 널어본 게 언제였던가.

벌써 흰머리 희끗희끗 날리는데
아직도 널지 못한 꿈의 일상
만지작거리고만 있으니 말이오.

바람 좋은 날, 내어다 말리려고
장롱 깊이 넣어둔 신문지 속의
그 꿈의 무늬를 꺼내어 봤다오.

그러나 바람 좋은 날
이불 홑청은 간 곳 없고
누렇게 오렌지 빛으로 물든 세월만
젊음의 흔적처럼 남아있구려.

햇살이 고운 날

햇살이 고운 날
무릎 꿇고 엎드려
다소곳이 걸레질을 합니다.

반 공중을 떠도는 먼지
잡히지 않을 듯 새살거리지만
야무진 손끝에 묻어납니다.

먼지가 닦일 때마다
새카맣게 묻어나는
세속世俗의 묵은 때를
맑은 물에 헹굽니다.

빨고 헹구기를 몇 차례
뽀얗게 삶아 햇볕에 널어도
얼룩은 상처로 남습니다.

햇살이 고운 날
기도하듯 무릎 꿇은 내 안에
잠이 드신 어머니……

닦아도 지워지지 않는 흔적은
당신의 눈물자국인 것을
예전엔 미처 몰랐습니다.

창을 닦으며

창을 닦는다.

묵은 얼룩자국 호호 불며
정성을 기울여 창을 닦는다.

간 밤 꿈에 나타나시던
어머니가 찾아든다.

뽀얗게 김이 서린 창으로.

눈부신 햇살 속에 들려오는
어머니의 목소리,

얘야, 마음도 닦으렴.
겉만 닦는다고 깨끗하니?

어머니, 마음을 닦으라니요
창가에 비춰진 내 마음
보이잖아요, 어머니!

네 안의 속진을

닦아야 하는 게야.
네가 지닌 줄도 모르는…

에덴동산의
선악과를 생각하며 창을 닦는다.

닦아도 닦아도 얼룩진 창을
닦고 또 닦는다.

어머니, 이젠 되었나요.
얘야, 그건 한 번에 닦이는 게 아니란다.

억겁을 두고 닦아야 하는 게야.
맑은 햇살이 부끄러워
눈을 뜨지 못했다.

노을

나들이를 마친 해가 쉬어 가는 길
하늘가에 걸쳐놓은 다리가 곱다.

석류 빛 고운 구름이 가는 저편
하늘바다로 빈 나룻배가 간다.

미움이 침몰한 하늘바다에
쟁투는 보이지 않고 타오르는 불꽃
보고 싶은 사람만 그리워하라고

뼈가 저리도록 타오르고
꺾인 가지마다 움트는 열꽃
펼쳐놓은 그리움마다 노을이 탄다.

그것은 꿈꾸는 사랑
고요로 물들인 지극한 사랑
아플수록 깊어지는 영혼의 노래
석류 속 같은 입술이 열리고 있다.

갈대

바람이 일렁일 때마다
겨울이 가을을 쓸며 간다.

청춘의 기억들이 쏟아낸
서리 내린 여인의 은장도들,

비켜 가는 칼 그림자
산허리에 감추는데,

서리 내린 자리에
마른 풀 내음 사라지고
쓰다듬는 바람에 흐느낄 때

속내 드러내지 못하고
산발한 머리카락 풀어헤친다.

아카시아 숲속에서

5월의 꽃향기가
젖가슴에 스밀 때
비릿한 꽃잎은
사랑의 눈을 맞춘다.

욕정에 부푼 살결들
떨어질 때마다
거듭 순결의 옷을 덧입는
5월의 신부 아카시아꽃!

꽃 속의 젖내음
입 안 가득 고이면
가슴 안에 숨겨진 열꽃이
팝콘처럼 튀는 오후,

향기 뒤에 숨어있는
그 가시가 신혼의 침실에
열꽃을 터트리고 있다.

詩作 노트

나의 시는 어머니와의 나누지 못한 대화이다. 마음이 차분하지 않은 날에는 늘 창을 닦는다. 그 창을 통해 만나는 어머니는 말씀하신다. '하루도 게으르지 말고 마음 밭을 일구는 것이 삶을 일구는 것이다.' 내게 청소하는 일은 마음 밭을 일구는 행위이다. 말끔히 털어 내고 닦다 보면 마음 안에 빛이 생긴다. 그제야 비로소 어머니께 묻곤 한다. 이제 됐나요? 한 번도 어머니는 됐다는 대답을 하신 적이 없다. 억겁을 닦아도 우리에게는 지우지 못하는 얼룩이 있다. 그 얼룩은 내 심성의 그릇을 넓히기 위해 존재하는 소금일 게다. 늘 비워도, 닦아도 부족한 겸손과 겸허의 마음을 어머니는 가장 큰 그릇으로 본 것이다. 어머니의 창을 통해 늘 거듭나는 생이기를 간절히 바란다.

※ E-mail : 2060130009@sdu.ac.kr

강설降雪 외 6편

황의형

목화송이 같은 눈이 내려
온 세상은 하염없이 흐드러진다.

다 묻혀버리고
막막하게 쌓여가는 산천
혼미한 천지에 적막이 내린다.

멀리 들려오는 희미한 설렘 소리
웅성웅성 소곤거림이
외로운 뜰 안에 환한 길을 트는데

떠났던 사람 눈잎처럼 돌아올 것 같아
들뜬 가슴은 기쁨으로 설레다
마음에 고이 밝혀든 등불이
깊은 밤을 지새우며 가물거린다.

눈발은 꽃잎처럼 쏟아져
행여 돌아올 길마저 막힐까
이 슬픔은 흰 달빛이 되어
무심한 눈꽃 속을 헤맨다.

그리움 3

아프게 떠나보낸 뒤로도
슬픔까지 마저 보내지 못하고
강산이 변한 세월을 담아
연보라 꽃향기에 소식 실어 띄운다.

가는허리 휘도록 하늘거림은
가을이 깊어짐을 알리는데
석양의 저녁놀은 황홀하고
떠나던 모습은 왜 이리 짙은가

강물은 쉬지 않고 흐르건만
구절초만 남은 쓸쓸한 빈자리
외로움 섧도록 풀어 마시며
무슨 말을 또 전할 수 있을까

서릿바람 시린 창공에
외기러기로 날아가는 이 마음은
어디에 머물지 나도 몰라
밀려오는 파도처럼 부서진다.

꽃잎

단장斷腸의 눈물 삼키며
떨어진 꽃잎
하늘도 슬퍼 장대비로 울었지요.

길고 긴 인연의 끈
아린 편린들 살점으로 떼어놓고
야멸차게 건너버린 세월의 강

그렇게도 소망하던 곳
잘 가셨는지……
별빛 찧고 달빛 찧는 빈 가슴
기름 심지로 타고 있습니다.

억수같이 쏟아지던 비 뚝 그쳐
그 놀라운 믿음 가슴마다 심어놓아
외로운 섬 하나 수놓느라
눈이 편할 날 없습니다.

수평선 1

수평선 멀리
아스라이 가물거리는 물결 위로
한 점 갈매기 그리움을 편다.

외로움을 털어내며
떠도는 구름도 아득히
해변을 따라 헤적인다.

파도처럼 설레는 가슴
갯바람 애틋한 심사로
온몸 적시며 찾고 찾아
건져 올린 향수의 물빛

이제는 늦었어요.
너무 멀리 와버렸어요
구름처럼 바람처럼 손짓하는
꿈결인 듯 물빛이 시리다.

비목碑木공원에서

하늘과 산, 물이 푸르게 모여 사는
적막한 평화의 댐 양지 녘
녹슨 철모 통나무 십자가 위에
무량한 햇빛만이 쓸쓸한 졸음을 즐긴다.

포연이 휩쓸고 간 격전지 백암계곡
댐 들어서고 비목공원 세워
화천 백암산 일대 처절한 전투에서
산화한 무명용사들의 원혼이
서럽도록 외로운 노랫말로 울고 있다.

긴긴 시간을 목메어 외치는가.
넋이라도 댐을 지켜야 한다고
참담했던 그날의 아픔 날려버리고
가슴속 새파란 세상 꺼내 보이려
묻어준 돌무덤에 이렇게 서 있노라.

단절된 땅의 고독
캄캄한 어둠의 터널을 지나면
새 시대의 아침이 댐 물을 열고
울다 지친 비목에 맺힌 한 씻어 주랴.

초겨울 두 물머리

서로 만난 두 물이 기뻐 속삭이는
찬바람 씽씽 스치는 강변 벤치
텅 빈 가슴으로 나를 맞는다.

쓸쓸함 더해주는 두 물머리
가슴 시리게 아득한 흰 물결은
철새 한 마리 날지 않는 정막 속에
서리 맞은 갈대만 서걱거리며
찾아온 길손을 반긴다.

넘치던 수련 떠난 사람들
서있던 흔적마저 찾을 길 없는
세월의 무상함이 예있는데
흐르는 두 물결은
무엇 하러 서로 만나 속살을 섞는가.

오욕 칠정에 버둥댈 일 무엇이랴
물같이 살다가 강물 따라 가라고
차디찬 바람은 등을 떠미는데
푸른 물은 반짝이며 손을 흔든다.

하얀 손수건 2

이것은
멀리서 바라만 보아도 좋다는
사연의 시발이었다.

달맞이꽃 소녀가
그리움으로 만들어 준 손수건
그윽한 기쁨이었지만
애틋한 정이 담겨 있음을
예전엔 미처 몰랐었다.

사무치면 물길도 트인다는데
달도 별도 되어주지 못한 아픔은
가는 길이 다르고 꿈이 다른
배와 항구였다.

무량하게 바라보기만 한다는
그녀가 떠오르면 가슴이 시려오고
험한 파도에 떠밀리는 모습은
한없는 애련에 젖어들게 한다.

가엾은 달맞이꽃

서리 내린 들녘 구절초 홀로 서서
못다 흐른 강물로
흰 달빛 처연하게 그리고 있다.

詩作 노트

지나온 길을 희로애락의 감정으로 시 속에 담아 표출해 보려는 몸부림입니다. 외롭고 쓸쓸한 산길을 홀로 가는 것처럼, 산길 백리 수덕사에 밤이 깊어오는 것처럼 침잠하려는 나의 혼을 붙잡고 한없는 사랑의 불길을 그려보려는 몸짓입니다.

길고 긴 인생의 여정에서 거칠어진 마음을 갈고 닦는 심정으로, 때로는 밀려오는 외로움을 달래면서 분출하려는 시혼을 불태우며 창작에 밑불을 지피는 일이 이렇게 희열 넘치는 땀방울인 줄 몰랐습니다.

각박한 삶을 사는 오늘의 우리에게 한모금의 시원한 청량음료가, 활력소가 될 수 있기를 기대하는 바람이 결코 공허한 메아리가 되지 않기를 기약해 봅니다.

※ E-mail : helr40@naver.com

태양초 외 6편

김복희

온몸을 불사르며
능내리에 따라온 태양이
고추밭을 후끈후끈 달구고 있다.

골진 고랑에서
풀들은 환호성을 지르며
쑥쑥 자라나는데
주체할 수 없는 정열
바알간 숫기로 일어서는 고추들

폭풍우에도 굴하지 않고
된서리에도 주눅 들지 않다가
들끓는 지열에 녹아
반지르르 매콤한 태양초를 만든다.

메주

노랗게 잘 삶아진 콩은
절구에 찧고 으깨어지면서
고달픈 삶이 시작됩니다.

처마 밑에 매달려 벌을 서는 맨살
햇살은 가여워서 어루만지고
바람은 모질게도 난도질을 해
터지고 갈라지는 힘겨운 나날

살기 위하여 어둠을 가르고
열병으로 새까맣게 타들어가도
잿빛우울 묵묵히 삭히어가며
아름다운 긍지로
푸른 열꽃 피워내는 조선의 여인

비우고 비워서 가벼워진 몸은
먼 산 그리움 침묵으로 채우며
천연향이 깊어지는 아늑한 독
풍신한 품속을 기다리고 있습니다.

하늘을 보면

하늘을 보면
구름 사이로 열린 샘
한가로운 마음과 놀게 된다.

욕망이 들끓어 위만 보던
그 희미한 눈빛도
청명한 하늘을 닮게 된다.

모든 게 끝이라는 생각에
잣나무 숲에서 어리석음을 쫓지만
견고한 고독은 무너지지 않았다.

고뇌가 닥치면 잡으려하고
편안해지면 놓아버리는 심사

눈 뜨고 귀 열어
구름 위의 맑은 하늘을 보면
물 흐르듯 번뇌가 사라진다.

겨울나무

마을 어귀에 서서
하늘의 바람을 품고
나지막한 숨소리로
기다림의 미덕을 배웁니다.

삶이 영글지 못해
입은 옷 다 벗은 채
맨살로 운명처럼 살지만

더 높은 세계를 꿈꾸며
모진 풍상에
팔이 잘리는 아픔을 겪어도
묵묵히 견뎌내는 당당한 모습,

인고의 시간을 끊임없이
미지의 세계를 열어가며
초연하게 때를 기다립니다.

씀바귀꽃

우주의 숨결이
파릇파릇 돋아나면
햇살이 불러 모은 손들에
살이 뜯겨 나가도
독한 마음 삭이면서 다시 돋는 생명줄

천지를 뒤엎는 먹구름에도
온갖 세파 견뎌내고
마디마다
흔들리며 피는 꽃
벗은 영혼의 혼불이다.

도토리묵

시어머니께서
생전에 즐겨 드시던 도토리묵을 쑵니다.

과묵한 표정 대신
대견해 하실 미소를 생각하며 묵을 쑵니다.

침잠하는 앙금을 휘젓는 동안
뿌연 물결 속에 떠오르는 기억들

얽히고설킨 그 앙금들 한데 어울리며
빙빙 돌다가 밀착되어가는 묵,
마침내 폭폭 꽈리가 잡히면서
방울이 터져 오릅니다.
어머니의 "많이 먹으라" 는 말씀처럼.

전통을 다시 꿈꾸는 시대
어머니 곁에서 아늑하고 자애로웠던
그 쫀득쫀득한 맛
낙산사 보타전 향불처럼
山香으로 피어오릅니다.

어머니 1

창백한 얼굴에
마른 몸 굽은 허리
부산히 움직이시는
당신을 본다.

욕실에서 넘어지셔 어깨뼈가 부러지고
젖가슴은 새까맣게 멍들었어도

누구라도 눈길만 주면
소녀처럼 연상 웃고
말참견하시는 행복한 치매
우리 어머니

소싯적 총명함은
어디로 가고
아들도 딸도 모르고
아픔도 맛도 모른다.

그러나
느낌은 아시는지
꼭 잡은 손
좀처럼 놓을 줄 모른다.

詩作 노트

문학의 꿈은 있었지만 찌든 생활 속에 묻혀 있던 나의 글쓰기의 시작은 치매 걸리신 어머니의 외로움을 안타깝게 지켜보면서이다. 슬픔과 괴로움을 서툰 언어로 삭히면서 마침내 한권의 시집도 생산하였다. 「태양초」외 6편의 시는 살아가면서 삶의 희로애락을 하늘 햇살 바람이나 꽃잎을 통해 허기진 내 영혼의 불꽃을 당겨 보는 일이었다. 또 마음의 고요를 찾아 자연을 동경해오던 나는 마침내 조그만 텃밭을 마련하여 도시에서는 맛볼 수 없는 농촌의 생활을 직접 체험해가며 채소를 가꾸고 태양초를 만들기도 하였다. 콩을 거두어 메주를 빚으면서 발효가 되어가는 과정은 고난 극복의 우리네 삶이요 어머니들의 삶이라 생각되었다. 어지러운 세상에 휘둘릴 때마다 하늘을 보면 마음이 편안해지는 것을 느꼈다. 추운 겨울에 옷을 다 벗어버리고 모진 칼바람을 맞아가면서도 당당하게 서있는 겨울나무를 보면서 힘을 얻어 버텨온 것이 내 시이다. 앞으로도 자연의 숲 속에서 맑은 공기와 깨끗한 물소리 들으며 따스한 숨결이 살아있는 삶의 크고 작은 알갱이들을 모아가려 한다.

※ E-mail : kbh519@hanmail.net

고사한 노목 외 6편

이철호

살아서 천년 죽어서 천년
수천 년 생명을 펼쳐놓아도
언제나 겸허한 삶

까마귀들이 내려앉는
망연한 골짜기에
푸른 달빛 아래
동안거冬安居 참선중이라네.

이파리를 미련 없이 버리고
공상 펼치던 긴 세월은
뜬구름처럼 흘러가더니
속세를 저만치 내려 보고 섰네.

무심히 보낸 세월
삼독 오욕 칠정 다 떨구고
한 그루 고목으로 남아
죽음을 건너뛰고 섰네.

풍경

수평선을 베고 누운
저녁노을이 술청에 들고

벼 벤 그루터기만 남은 들녘
남루한 법의 걸친
허수아비 법열法悅에 든다.

대숲에 숨어온 어둠이
비둘기를 몰고 와
신화神話 속 하루를 잠재운다.

겨울 바다

마음에 파도가 일면
푸른 바다를 찾는다.

포말 끝으로 밀려가는
망망대해에 작은 섬 하나
풍랑 따라 외로이 떠간다.

창망의 물굽이
휘몰아오는 과거처럼
가슴으로 밀려오는 그리움

죽었다 살아나는
끊임없는 태동胎動에서
역동의 지혜를 배우고
혜안慧眼의 깊음을 깨닫는다.

태풍의 분노, 폭풍의 노도
고통과 두려움 왜 없으랴
다시 올 평온함을 기다리며
넓은 가슴으로 받아들이는 창해滄海

삶에 평범하지 않고
무서울 때 자신을 잃지 않는
소박한 저 검푸른 바다를 보며
패배와 절망의 치료법을 배운다.

가난한 시간

링거액이 떨어질 때마다
초침이 사선死線을 달린다.

귀뚜라미 가슴 찢는
시골 병원의 중환자실
정체를 알 수 없는 기척에 놀라
창백하게 질린 형광등이 내려 본다.

여명의 꼬리를 붙들고
안개를 헤쳐 온 시간들
수술실 문이 열릴 때마다
생사의 갈림길이 열리고 닫힌다.

메스!
천사의 낮은 소리에
파리한 모래시계는 흘러내리고
피멍든 혈관마다
가늘게 떨어지는 링거액의 절규
핏기 없는 낮달 하나
반딧불 같이 희미한 아버지가
피안彼岸의 들꽃을 헤아리고 있다.

노을 속으로

저녁연기
노을 속으로
강마을을 안아가고

청운사 종소리
푸른 물결에 실려
강물 따라 흘러가네.

하늘가에
속세를 벗어놓은 저 백로白鷺
무엇이 그리워 울며 가는가.

사랑과 미움
가슴에 남아 있다고
누가 비우라 하는가.

한 세월
인연 다 풀어놓고
아무 흔적도 없이
노을 속으로 스며드네.

흔적

老松이 시묘살이를 하고 있다.

하현달 내려앉은
쓸쓸한 무덤가에서.

갈기갈기 찢긴
이름 없는 여인들의 넋들
솔가지에 매달려 통곡하는가.

위패처럼 새겨진 흔적
영혼마저 찢겨진 진액의
눈물이 가슴 사이로 흘러내린다.

피로 물든 상흔傷痕
지울 수 없는 질곡의 세월
처연하게 들려오는 흐느낌
탄식의 비석에 조문하는 바람……

태평양 전쟁의 막바지
더럽혀진 이 땅에 뿌리내려
어두운 시대를 이어온 역사의 증인
환란을 이겨낸 千年松의 숨결이었다.

다선송茶禪頌

고택의 백송이
솔바람 속으로
초의草衣를 살며시 부르는가보다.

세한歲寒의 긴 바람……
단계석端溪石※ 벼루에 구름 뜨면
고요히 써 내리는 예서隸書

황촉 불빛이
창호에 흔들리는 옥당에 앉아
차를 마시며 세상을 바라본다.

흰 구름은 대류무성大流無聲
차향은 대숲을 흐르고
묵향도 매화를 스쳐 흐른다.

조선 하늘에 그윽이 흐르는
금란지교의 은은한 향기
다반향초茶半香初※ 속에 숨겨진 미소
미혹迷惑에서 벗어나 선정禪定에 든다.

※ 단계석 : 중국의 광동성 단계에서 나는 질 좋은 벼루.

※ 다반향초(茶半香初) : 차를 마신 지 오래되어도 그 향은 언제나 처음 그 맛. 늘 한결같은 원칙과 태도.

詩作 노트

시는 함부로 마음을 열어주지 않는다. 언제나 고독한 가슴으로 파고들지만 그 형상 없는 속으로 들어가기엔 문이 너무 좁다. 시를 알고 난 후부터 더욱 내 속으로 불러들이려 하는데 쉽게 들어와 주지 않는다. 시가 아름다운 만큼 나 또한 향기로워야 그때 비로소 시의 가슴에 안길 수가 있나보다.

시인은 나라 말을 지켜내는 외로운 사람이라고 한다. 한편의 시를 쓴다는 것이 미묘한 세계를 나타내려는 감각 의식의 정서가 분명히 필요 한데도 주제가 무엇인지 판단이 서지 않을 때가 많다. 시란 두부가 만들어지는 과정처럼 생각의 알맹이를 고르고 관념의 찌꺼기를 걸러내야 한다. 시는 숨 쉬는 생명체다. 꿈의 세계가 환하게 펼쳐지는 신비에 가슴 설렌다. 깨달아가는 과정이란 농산물을 가꾸듯 농심에서 비롯되는 게 아닌가 한다.

※ E-mail : chlee@sch.ac.kr

허무 메우기 외 6편

민병완

실타래 풀어 베를 짜듯
빨간 털실을 한 코 두 코 대바늘에 꿰어
뚫린 가슴을 촘촘히 메워갑니다.

연인들이 밀고 당기는 사랑의 묘약처럼
실을 알맞게 당겨서 코에 걸고는
먹였다 놨다 곱게 짜여진
씨실과 날실들로 겨울을 감싸갑니다.

선 곱게 새 살 차오르듯
한 코 두 코 짜 올리면서
부드러운 관계를 팽팽한 능선으로
탄력 있게 긴장을 늦추지 않습니다.

가녀린 대바늘로
당신을 꼼꼼히 채워가면서
삶의 빈자리를 하나씩 메워갑니다.

다리미

태어날 때부터 팔다리가 없고
눈 코 입도 없이 오직 몸통으로만
뭉기적이며 살아야하는 그녀
엉덩이를 홀라당 까 내리곤
허연 속살 드러내곤
실룩샐룩 몸 흔들어대며
어느 사내 홀리러가려는지

해님이 다녀간 뽀삭한 길은
실크 엉덩이의 애교에 손사래 친다
이슬비 촉촉이 다녀간 뒤를 따라
사뿐사뿐 지나노라면
그녀의 음치노래 절로 나온다.

오늘도
그녀는 사내의 올올이 엮인 셔츠와
마음 속 주름까지 올 곧은 시선으로
바짓가랑이 부여잡고
찰지게 찰지게 펴준다.

엄니 가슴은

목마른 다랑이 논에 고개 숙인
초련 벼 훑어다가
갓 찧은 쌀 한 말 이고
동구 밖을 돌고 돌아
온양온천 오일장 다녀오신 엄니
검정 고무신, 동동구리무
뽀뿌링 원피스도 사오셨죠.

오랜만에
허옇게 눈 흘긴 동태 몇 토막
무 범벅 찌개 저녁상에 둘러 앉아 먹고 있는데
삐죽삐죽 울먹이는 동생

–언니 것만 사오고 내 것은 왜 없능겨
–너는 성아 것 물려 입어야 명도 길고 건강하게 크능겨

아프게 한마디 던져 놓고
슬며시 밖으로 나와
동생의 징징대는 소리 들으며
댓돌 위에 찢어진 검정 고무신

얼기설기 꿰매고 있는
울 엄니의 찢겨진 가슴은
무엇으로 꿰매나.

업감業感

두꺼운 업을 다 벗고
날아가는 저 기러기는
얼마나 좋을까

토방의 강아지들도
삼천대천세계를 지나
이 세상에 태어난 거겠지

지는 목련도
윤회를 하여
업장의 그물에서
헤쳐 가는 거겠지

그런데
나는 왜 아직도
업의 도가니에서
벗어나지 못하는 걸까

얼마나 더
먼지 털고
마음 비워야
벗어 날 수 있을까.

버려진 양심

아파트 앞마당에서
경비원이 버려진 양심을 쓸어 담는데
사방팔방 흩어진 양심의 파편들
거리로 나와 뒹굴고 있다.

잔인한 구둣발에 짓밟히며
버려진 담배꽁초의
처절한 양심까지 짓밟아
아파트를 어지럽히고 있다.

대가 센 양심은 가시를 드러내고
물렁한 것들은 몸을 움츠릴 때
발 빠른 것들은 눈 속에 숨는다.

오늘같이 매서운 날에도
여기저기 널려있는 양심들
경비원은 계속 쓸어 담는다.

법당을 넘나드는 바람

뒷산 마루 허위허위 넘던 바람
법당 처마 밑 풍경 조심스레 흔들고
부드러운 그 소리
능소화 이파리 뒤집는다.

가지런한 기와 넘고
허공을 헤엄치던 물고기들
뒤트는 몸짓에 청설모 놀라 도망친다.

어느새 내 몸속으로도 들어와
해탈, 해탈 외친다.

공원 앞뜰엔

얼마나 기다렸던가
마른기침 콜록이는 빈가지
심약한 마음에 싱그런 봄 향기
하얀 웃음 환해질 때를

붉은 울음 한 웅큼
간밤 꽃샘추위에 밀려나
시나브로 발버둥 치던 꽃잎
몇 날 몇 밤을 그렇게

생살 찢는 고통 없이
어찌 꽃을 피우랴
눈물 삼킨 인내 없이
어찌 봄 햇살 바라보랴

공원 앞뜰엔
길가는 나그네 잡아끌어
푸른 꿈 수놓고 싶은 눈빛
봄의 교향악이 울려 퍼지네.

詩作 노트

늦은 나이에 시 공부를 시작했다. 다정한 멘토이자 동반자이기도 한 남편의 따뜻한 격려가 아니었더라면 오늘의 나는 없었을 게다. 묵은 기억들을 리허설하면서 행간을 채우기를, 쓰고 지우기를 수 없이 하면서 좌절할 때마다 남편이 곁에서 "그 나이에 그 정도면 아주 잘 하는 거여" 하면서 힘을 실어주곤 한다. 늦게 배운 도둑 밤새는 줄 모른다고 책상에만 앉으면 시간 가는 줄을 모른다. 이런 나에게 그는 불평 한마디 없이 달콤한 말과 튼튼한 지팡이가 되어주곤 한다.

남편은 28년 전부터 당뇨와 아주 밀접한 친구가 되었다. 오랜 세월 동고동락하다보니 이제는 한두 군데씩 틈이 생기기 시작한다. 정신없이 살아온 시간들이 차곡차곡 쌓여, 풀어서 쓴 글들이 이번에 시집 『허무 메우기』로 태어났다. 그 후 과분한 칭찬들에 몸 둘 바를 몰랐다. 또한 시 공부에 버팀목이 되어준 남편의 어깨까지 으쓱하게 해주니 남편 앞에서 허수어미의 탈을 벗은 것 같아 뿌듯하다. 앞으로 더욱 정진하라는 채찍으로 알고 열심히 하련다.

※ E-mail : minbw211@hanmail.net

다리미질 외 6편

전유정

다리미질은 나의 기도
아름다운 꽃빛이 배어나도록
곱게 곱게 펴나가야 한다.

술 · 담배에 절어 사는 그이 옷 위에,
철부지 가득한 아이들 옷 위에,
여전히 방황하는 내 옷 위에
정화수를 이슬 털듯 뿌리고
풀 먹여 살아난 길을 내면서
정겨운 내조로 꾹꾹 눌러 다린다.

가족들 마음 속 깊은 구석까지
달래고 어루만져서
구깃구깃한 주름살 시원히 펴지도록
주름진 마음 밭까지 환하게 다린다.

오징어 구이

내 몸은 오징어구이인가.

통증 만날 때마다
불에 덴 듯
이리 비틀리고 저리 비틀리면서
기우뚱거리며 오그라든다.

바다 속 깊은 곳에 살기에
늘 바다 위를 동경하더니,
저 잡으러 온 줄도 모르고
유혹하는 집어등集魚燈을 향해
불나방처럼 날아들어
구이 신세 된 처지가 같은 신세다.

노릇노릇 구워져
고향 사투리 같은 바다 짠내 마저 사라지면
하루 종일 뛰어다니던
햇볕에 그을린 촌아이는
캡슐에 든 하얀 약처럼 창백해졌다.

내 다리가 열 개로 보이는 건

오징어 구이와 마신 생맥주 탓인지,
전생에 내가 오징어였는지……

고단한 일상에 구워져
오그라든 나의 자화상인지……

낙엽의 속삭임

누군가 속삭이는 것 같아
돌아보면 아무도 없고,

또 누군가 부르는 것 같아
아무리 둘러보아도 또 아무도 없어,

숲길 산책하던 발걸음을 멈추고
숨죽인 채 한참을 그 자리에 서 있었다.

낙엽 하나가 톡,
낙엽 또 하나가 톡,
조락凋落의 계절이
몇 층으로 쌓인 낙엽 위로 내리고 있었다.

나뭇잎 다 내려놓고
뼈만 남은 앙상한 가지에
새 봄 물길 올려 새싹 틔우고
갖가지 빛깔로 채색하려면
흙으로 돌아가야 하는 순리 되새기려고
그렇게 애타게 나를 불러 세웠나 보다.

노을

저 하늘도
하루의 허물을 반성하는가.

그 부끄러움이 얼마나 크기에
저렇게까지 붉게 타오를 수가 있을까.

크고 작은 봉우리들로
하늘과 맞닿은 저 산마저
하루를 정갈하게 하느라
저렇듯 붙어서 같이 타오르는가.

그 빛에 물들고자
온몸을 내맡긴 채 마주 서는가.

베란다 시작 노트 1

버려진 사과 상자와
스티로폴 상자를 가지고
베란다에 텃밭을 만들었다.

도시의 농부가 되어
어릴 적 시골 마당가에 엄마가 키우던
봉선화 채송화 맨드라미와
상추, 쑥갓, 실파, 고추를 심었다.

나의 베란다 정원이
꽃 꿈, 소채 꿈으로 자란다.

도시의 꽃들이 돋보이는 건
시멘트와 철근, 벽돌을 배경으로
피어나기 때문이라는
은근한 비밀도 들키기 마련이다.

내가 심은 건
꽃씨와 소채 씨가 아니었나 보다.
자라는 식물 못지않게
나의 詩도 쑬쑬히 자라났다.

총각네 총각

자상하고 다정한
문자 메시지를 보내주는 총각이 있습니다.

추우면 감기 조심하라고
더우면 입맛 돋우라고
몸에 좋은 음식 추천에
설, 추석은 물론 복날에 보름까지.

그는 부르면 언제든지 날듯이 달려옵니다.
비바람 불고 눈보라 쳐도
도로가 주차장이 되어 막혀 있어도
밝고 환하게 웃으며 옵니다.

각자 떨어져 사는 부모 형제보다
우리 동네 총각네 총각이 가까운 건
당연한 생활의 결과.

해외여행을 마치고
꺼 두었던 휴대 전화기를 켜보니
총각네 총각이 보낸 문자 메시지
–*단 한 개라도 즉시 배달해 드립니다
양배추 1천원, 양파(소) 3천원, 수박 다량 입하…

신발의 자서自敍

닳으면 버리셔도
불평하지 않아요.

짓밟히고 짓눌려도
당연하게 받아 들여요.

당신이 가볍게 버리더라도
당신을 탓하지 않아요.

처음 만날 때는 어색하지만
시나브로 편안해져요.

과적에 닳고 닳아져
버림을 받는다 해도
원망은커녕 아무렇지도 않아요.

詩作 노트

시를 알고 난 후부터는 멜로디라고 해서 다 음악이 되는 건 아니듯이 '시'를 썼다고 해서 다 '시'가 되는 게 아니라는 사실을 알게 되었다. 구체적으로 형상화해서 감동을 주겠노라고 열심히 쓰기는 하지만 생각처럼 안 될 때가 많다. 헤매면서도 계속 쓰고 또 쓰면서 하나씩 깨달아 가고, 보는 눈이 서서히 자라나는 걸 느낀다. 그러다 보니 수월하게 쓰이어지는 시도 있다. 그런 시들은 내가 살아오면서 늘 관심을 가져왔던 문제들이거나 고민을 했던 주제여서 그런지 어느 정도 곰삭아 제법 묵은 지 맛을 내기도 한다. 반면에 힘들게 쓰이어진 시들은 객토작업을 하듯 새로운 시선으로 고쳐 쓰고, 다시 또 읽고 다듬어야 하는 인생 수양을 배우게 한다. 처음 시를 쓸 땐 디스크라는 지병 때문에 글에서도 늘 아프다는 엄살 일색이었다. 하지만 습작을 거듭할수록 조개의 상처는 진주를 맺고, 연꽃은 진흙 위에서 피어나듯이 나의 통증은 괜찮은 시로 바꿀 수 있다는 가능성을 봤다. 쌀로 밥을 지을 수도 있지만 발효시켜 맑은 술을 빚듯, 새롭고 재미있는 내용으로 웃음과 눈물이 묻어나는 시를 써보려고 오늘도 나 자신을 다독인다.

※ E-mail : cms7923@hanmail.net

조각보 외 6편

김상화

상처투성이 조각 천들이
하나의 모자이크를 이루고 있네.

한잎 두잎 연결된 조각밥상보
한평생 함께 사는
실과 바늘이 배필이라네.

정교한 기능으로
한 땀 한 땀 수를 놓았으리.

칠남매 조각보 하나하나
모성의 정성이 스며있다네.

세월 흘러도 변함없는 삼베 밥상보
가슴에 안고 눈물 흘리네.

놋수저

주인 잃은 놋수저 한 벌
고운 명주 천에 싸인 채
눈물로 세월을 보내고 있네.

전장에서 영영 소식 없어
할머님의 가슴에 자주 안겼지

살아서 돌아오리라, 돌아오리라.
기원하신 할머님은
세월 흘러도 감감소식에
가슴앓이 검은 속 태우시며
우리에게 하신 말씀 또 하신다.

살아오리라 믿었지만
하늘나라에서 만나셨는지
녹슨 놋수저만이 주인을 기다리네.

바위산

유구한 세월에 시달려
바위의 모습이 구겨지고 바래져서

신비의 혼돈으로
세월을 머금은 주름살에 검버섯이 피었다.

세월의 무게만큼
검버섯은 이끼 낀 청태

어느새 수려한 바위산은
청태가 세월을 증언하고 있다.

우람하고 수려함을 자랑하던
바위산에 뿌리 뻗은 소나무

얼싸안고 포옹하며
천년의 분재를 이루었다.

꽃구름이 온 천지를 덮고
눈꽃들이 춤을 추며 바위산을 지난다.

소나무 분재는 암벽 끝에 좌정하고……

석탄

수억 연륜이
불의 알로 태어났다.

광부들은 산파인가
이마에 구슬땀을 흘린다.

불의 알은
용광로 불꽃으로 살아나
검붉은 불꽃을 피운다.

땅속에서 깨어난 검은 목숨들
세상을 따뜻하게 덥혀주며
붉은 혀를 드러낸다.

용광로에서 불알이 살듯
가슴속 불꽃은 꺼지지 않으리.

고물상

빛 잃은 무채색들이 모여진
주검들의 보관소
버려진 장기들이 널려 있다.

죽음에서 깨어나기를 기다리는 부속품
다시 살 부활을 가늠하며
재생의 길을 꿈꾼다.

예리한 눈길을 기다리면서
또 다시 보람을 찾아 기다리는 손길
고통의 하루하루 새 주인을 기다린다.

죽음의 깊은 잠을 깨어나기 위해
빛을 찾을 무지개 꽃향기
실다란 희망에 목을 건다.

철모 두레박

우물 속에는
맑은 물이 있었네.

맑을 물을 길어 올리던
두레박이 있었네.

주인 잃은 철모로 만든
두레박이 있었네.

온가족이 퍼 올리던
귀한 젖줄이 있었네.

철모의 주인은
나라위해 목숨 바친 국군아저씨
씩씩한 사나이 나라의 아들

주인 잃은 철모가 녹슬어 있었네.
세월과 함께 아픔을 견디면서
우물가 불두佛頭 곁에 녹이 슬어 있었네.

대나무

나이테가 없어서
항상 푸르른가.

마음을 비우고 살아서
항상 푸르른가.

하늘만 보고 살아서
항상 푸르른가.

푸르른 녹차향기에
온몸이 녹아내리는
절묘한 군자君子의 경지境地

온몸으로 자비 베풀어
천년이고 만년이고
장인의 손끝에 살아 숨쉬네.

詩作 노트

어머니의 부지런한 솜씨는 항상 자랑스러웠다. 층층시하의 고된 시집살이와 한 많은 세상살이 어려움을 솜씨로 풀었는지도 모른다. 어느 날 친정에 갔는데 어머니는 나이가 드니 잠도 없어지고 할 일이 없어서 이것을 이어보았다고 하시며 조각보를 주셨다. 그때는 몰랐는데 세월이 흐른 후에 삼베 밥상보를 보는 순간, 눈시울에 눈물이 핑 도는 것이었다. 작은 조각 큰 조각들을 하나하나 이어놓으신 어머니의 정성어린 마음을 읽으면서 시 창작 공부를 하여왔다. 할머님은 하얀 명주 천에 싸인 놋수저를 펴보시면서 네 삼촌이 살았음 몇 살인데 하시며 눈물을 흘리시던 모습이 눈에 선하다. 어린 시절, 마당 한 모퉁이에 골목길 어디든지 쉽게 볼 수 있던 전쟁의 상처들이 뒹굴고 있었다. 우리들은 그것을 장난감으로도 갖고 놀았다. 양철 두레박도 귀한 시절, 주인 잃은 철모로 두레박을 사용하던 시절을 뒤돌아보니 가슴이 짠하게 아파온다.

※ E-mail : hwa5959@daum.net

저녁 바다 외 6편

민미옥

키 큰 소나무가
바람을 막고 있었다.

한 무더기의 꽃들이
삼천궁녀처럼 날고 있었다.

출항하는 배는
푸른 자유를 선택했다.

파도가 부서질 때마다
생머리 여인은 머리카락으로 울었다.

한 무더기의 꽃들이
자유와 이별을 손짓으로 말했다.

인사동 바람

빌딩 숲 사이로
바람이 머뭇거리며 걸어 나온다.

석기시대의 바람이
시멘트 시대를 흘러갈 때
행인들은 박제가 되어 갔다.

키 작은 상점 앞에는
골동품들이 고전을 흉내 내고
그 틈서리 사이에서
토기의 검은 눈들이 반짝인다.

조간신문에서 세상 보고를 받던
깡마른 남자는
1단 기사처럼 사라졌다.

하루 지난 구문舊聞처럼
바람과 함께 사라졌다.

강나루 구름은

강나루 구름은
나룻배처럼 가는가.
멀어지고 멀어져 손이 닿지 않는
머나먼 나라로 가는가.

다시 만날 수도 있다는
막연한 기대를 품은 채
저리도 아련히 바람 안고 가는가.

하늘 아래
지평선과 수평선상의
나룻배는 그리움의 표상
망부석을 세워둔 채 떠나가는가.

지금은 그리움의 눈물
차갑게 식어
시멘트 건물은 망부석처럼
언제나 기다리며 서있는가.

이제는 더 이상
아득하게 멀어지는 강나루 구름
기다림의 정처를 알 수가 없다.

그림자

해를 등진 그림자는
햇빛과 사람이 그립다.

머리 위로
해가 솟아오를 때

형체 없는 그림자는
발끝에 감돌고

등 뒤를 넘어
산 너머로 떨어지면

표정 없는 그림자는
키를 훌쩍 넘어 간다.

그와 대면하다
표정도 형체도 없는 어둠과
마주할 수가 없다.

어둠은 쓸쓸한 가을바람에
낙엽처럼 사라진다.

해를 등진 그림자는
형체 없는 어둠이 무섭다.

가을비

잠 못 이루는 밤
가만히 돌아누우면
빗소리는 하염없이
버들가지처럼 머리를 풀고

저만치 돌아앉아
눈물짓는 수양버들
실개울 가에 하염없이
머리 감는 수양버들

허릴 펴지 못한 채
머릴 감는 강변에
추적추적 내리는
잊혀진 여인의 눈물 비

봄 눈

꽃그늘 아래
겨울을 녹여 보냅니다.

추억이 녹아내리면
앙금이 되어 떨어지겠지요.

빗물로
여린 나뭇가지
속눈을 틔우고

홀로가 아니라고
파르르 떨며
꽃으로 솟아나지요.

사자빈신사터

주춧돌은 가슴에서 살고
햇살은 주춧돌을 다듬는다.

땀 흘리는 햇살을 불러다가
절 짓는 소리……

대웅전은 가슴에 살고
풍경소리는 하늘에 집을 짓는다.

詩作 노트

뜨거웠던 여름날이 떠나갈 준비를 합니다. 떨어지는 빗방울은 가을이 오고 있음을 알립니다. 가을을 맞이하는 길목에서 숨 돌릴 틈이 없는 도시를 벗어나 한적한 시골 길을 걸어 봅니다. 푸르렀던 녹음 사이에서 이제는 진한 들꽃의 향기가 납니다. 구부러진 시골 갓길에 옹기종기 모여서 이 길을 지나가는 사람들의 발자국 소리에 수줍게 미소 지을 들꽃들의 모습이 마치 시를 쓰는 나의 마음인 것 같습니다. 푸른 하늘, 소리 없이 떠가는 구름, 세월을 닮은 오솔길에 이끌려 나는 오늘도 시를 적습니다. 속삭이는 들꽃의 작은 목소리에도 마음은 물결로 동요되어 나를 되돌아보며 글을 씁니다. 내 마음 모든 이야기를 종이에 옮기며 모난 구석을 쓰다듬고는 시를 쓰고 있는 나의 모습이 참 많이 고마울 뿐입니다.

※ E-mail : miok2800@hanmail.net

애독수필

이종승 …
새벽이 열리는 집 / 풍류의 술잔 / 인월담과 소쩍새

조영자 …
마철저磨鐵杵 / 고향의 가을 풍경 / 시선 이백을 울린 '모란'

전일환 …
산방일기 / 그 말 한마디 / 예전엔 정말 왜 몰랐을까

김 현 …
가지나물 / 옷고름의 미학 / 할머니

이병철 …
끝과 시작 / 계주명교戒酒名教 / 우리말 단상

새벽이 열리는 집 외 2편

이종승李宗承

전주에서 동북방으로 삼십 리를 가면 산자락에 고찰이 있고, 그 어귀에 외딴집이 한 채 보인다. 이게 바로 내가 새벽이 열리는 집이라고 명명한 나만의 은밀한 영역이기도 하다. 아담한 기와집인 안채에 돌담 둘레로는 수목이 울창하고, 뒤로는 실개천이 흐른다. 이 집에서 불심이 도타운 부부가 사는데, 남편은 사군자를 그리며 은거하고, 아내는 꽃밭을 가꾸며 살아간다.

내가 이 집과 인연을 맺은 지도 십여 년이 넘는다. 5월 어느 날엔가 혼자서 산행을 하다가, 호젓한 산장에 드는 정감으로 이 여사에서 하룻밤을 보낸 일이 있다. 그런데 새벽을 맞는 분위기에 신들린 듯 반해서, 매년마다 몇 차례씩 성지를 순례하는 의식으로 찾아가곤 하였다. 부푼 기대를 안고 방문하는 시기는 5월이 대부분이다. 그 때가 가장 화려한 잔치로 새벽을 열어주므로. 어쩌다 간혹 들어서는 나그네이지만 안주인은 조선의 선비라도 모시는 양 지순한 인정으로 반긴다. 주인이 안내하는 동편의 객창에 자리를 잡으면 깔끔한 자리가 덮인 목침대가 있고, 사면의 유리창은 파르스름한 커튼으로 가려져 있어서, 나 같은 범부가 머물기엔 호사스럽기까지 하다. 산채에 머루주를 얹은 저녁상을 물리고 가벼운 목욕을 한 다음, 촛불을 밝혀 놓고 시를 읽다가 일찍 잠자리에 든다. 새벽 잔치를 온전하게 누리려면 조심스런 예비가 있어야 하겠기에…….

신통하게 내가 눈을 뜨는 것은 산새들의 노래가 시작되는 무렵과 일치한다. 아마, 산새들에게는 신령스런 영감이 아니면 어떤 묵계라도 있는가 보다. 여명이 스며들면 일제히 새벽 찬미를 위한 합주를 하려고 저희끼리 신호를 보낸다. 가만히 친구들의 얼굴을 부리로 문지르거나, 날개로 간지럼을 주면서 소곤대는 것이려니.

"얘야, 새벽 송가를 부를 준비를 해야지."

이런 상상이 들만큼 처음에는 목소리가 가늘고 날갯짓의 소리가 미세하게 들린다. 설레는 마음으로 귀를 모으면서 미소를 머금고 기다리면, 어느 결에 온 숲은 새들의 오케스트라 단원의 가족이 될 만한 협연이 벌어진다. 굴뚝새, 솔잣새, 홍방울새, 꾀꼬리, 머슴새, 휘파람새, 뻐꾸기, 까치, 산비둘기, 산꿩…. 이들 말고도 울안의 참새와 제비까지도 화음을 맞추는 목소리로 보탠다.

처음에는 명주실의 현악기를 지극한 저음으로 탄주하거나, 토란잎에 미끄러지는 이슬방울의 음향을 연상하게 들린다. 그러다가 돋을별이 부유스름하게 밝아오기 시작하면 그들의 노래는 신명으로 높아간다. 이때를 맞추어 산사에서는 범종소리와 목탁 소리가 선미를 실어서 산곡을 적시고, 산 아래의 교회에서는 차임벨 소리가 푸른 세례를 올려 보낸다. 동양적이고 서구적인 인공의 선율이 파장을 흔들고 나면, 자연의 새들은 열창을 절정으로 뽑아서 숲 속을 채워준다.

이렇게 한바탕 노래의 향연을 벌이다가 한참을 잠잠히 침묵으로 들어간다. 그러고는 제각각 날개를 파닥여 어딘가로 날아간다. 말하자면 하루의 생활을 찾아 분산을 하는 것이려니. 그 무렵이면 어김없이 먼동이 터 오게 마련이다.

이처럼 새들의 합주를 처음부터 끝까지 음미하는 나에겐 여러 가지 상념이 다가온다. 신선한 서정의 한 마당, 오묘한 신성의 계시, 기도의 장면 같은 감격이라고 할까? 감미롭던 새들의 노래를 음미하다가 자리에서 일어선다. 청각으로 맞이한 새벽을 시각으로 맛보려고.

이때쯤 햇살이 비껴드는 오솔길로 들어서면 서서히 골안개가 스러지고 흰 구름이 산허리로 올라간다. 산바람이 신록의 내음을 실어오고, 풀섶의 이슬들이 영롱히 빛나기 시작한다. 골물 소리가 서늘하게 귓전에서 맴돈다. 천천한 걸음으로 경이로운 변화에 눈길을 주다가 바위에 걸터앉아 동녘 하늘을 살핀다. 등잔불빛처럼 광선이 서리다가 발그레한 빛으로 물들고 새빨간 햇덩이가 두둥실 떠오른다. 이로서 천지창조가 극적으로 완성되는 감격을 맛보면서 나의 새벽의 송가는 끝이 난다.

하지만 하루의 서장이 새겨 준 여운은 새로운 인식의 눈을 뜨게 헌다. 마치 정신의 헌 옷을 벗는 수도자처럼.

우선 언뜻 각성되는 점은 신성이 가득한 대지라는 외경심이다. 이보다 완벽한 예술을 상상할 수 없고, 이보다 출중한 창조를 가상할 수 없다. 인간들이 욕망으로 물든 안경을 벗어버리고, 분수 안의 삶에 자족한다면 모두가 낙천주의자가 될 수 있을 현장이다. 인생은 고해라는 염세적인 사고를 외면하고 싶어진다. 현세를 비관하고 내세의 낙원을 소망하는 종교인의 관념에 도리질을 한다. 물론 이 땅에는 우리가 기피하고 싶은 요인들이 많은 것은 사실이다. 가난, 병마, 이별, 죽음이나 더위, 추위, 악취 등.

그러나 이 어두운 단어 때문에 인생 찬가를 중지할 나위가 있으랴. 이들은 부귀, 건강, 만남, 소생이나 서늘함, 향기 등을 돋보이게 하는 상대적인 그늘에 불과한 것이 아닐까. 방향의 꽃밭과 천사들의 웃음소리로 영생불사가 보장된다는 천국은 음양의 창조정신을 간과한 허구인지도 모른다. 설사, 그런 세상이 또 있다고 해도 권태가 지겨운 나로서는 조금도 연연하지 않을 테다. 신이 떼어 준 단 한 번의 여행증명을 가지고, 생애를 철저하게 살다가 철저하게 죽으면 되지 않겠는가.

그리고 하루라고 하는 단위를 날마다 새롭게 살라는 암시를 주는 지구의 자전에도 마음껏 찬미를 보낸다. 더구나 천지 창조의 숭엄한 순간에나 베풀 새벽의 의식을 떨치는 행복이 감사하기만 하다. 이로 하여 과거의 남루한 하루들을 매장하고, 신의 축복이라도 받는 양 새로운 탄생을 거듭할 수 있지 않느냐! 죽순이 푸른 의지로 자라듯이, 나도 건강한 새 삶을 살아가야 하겠기에.

새벽의 명상이 나에게 주문하는 다짐이 있다. 시원의 자연에 대한 열애가 그것이다. 자연의 조화와 섭리는 신의 뜻이 완성된 극치라고 믿어진다. 호리만큼도 티가 없고 미완성이 없는….

그래서 문명이 낳은 독소를 외면하면서 자연의 뜻을 옹호하는 파수꾼이 되었으면 한다. 그러면 늘그막의 내 여일도 새벽의 윤기로 시들지 않는 여행이 되리라고 자위를 한다.

풍류의 술잔

오늘은 근교의 야트막한 기린봉의 숲 속으로 들어간다. 매주 화요일마다 동행하는 다섯 명의 지우들과 함께. 이들은 교직에서 정년으로 풀려난 고등학교 동기생들이다. 요즈음에는 구름처럼 자유롭게 소요하며 여일을 누린다. 고등학교 동기생의 인연이 반세기요, 덤으로 산하를 떠도는 생활이 십 년이다.

산의 노루목에서 가랑잎을 깔고 앉아 담소를 한다. 소나무 가지를 스쳐온 바람결이 서늘하다. 하얀 구름이 산머리를 한가롭게 흘러간다. 가까이로는 솔새가 가지에 앉아 귀여운 발성으로 인사를 건넨다. 가만히 볼에 대고 비벼 주고 싶구나. 멀리서는 뻐꾹새가 푸른 목청으로 숲을 흔들고, 후투티가 이에 질세라 네 음절을 끊어서 군대의 나팔소리처럼 경쾌한 발성을 낸다. 간간이 꾀꼬리가 미성으로 배음을 넣어주고, 비둘기가 청승스런 목소리로 끼어든다.

마침 해가 중천에 오르고 시장기도 느껴져서 내가 술병을 꺼낸다. 집에서 담근 매실주다. 한 친구는 안주를 내어놓고, 다른 친구는 과일을 깎는다. 작은 잔으로 권하고 마시기를 거듭하다 보니 모두 얼굴이 노을빛이다. 낙락한 노동老童들이 우화등선羽化登仙할 모양이다. 이런 자리에서는 이백의 '대작對酌'이 떠오른다.

둘이서 마시노니 산에는 꽃이 벌고
한 잔 한 잔 기울이면 끝없는 한 잔
취했으니 자려네, 자넨 갔다가
내일 아침 맘 내키면 거문고 안고 오게나.

兩人對酌山花開
一杯一杯復一杯
我醉欲眠卿且去
明朝有意抱琴來

이렇게 술잔에 얽힌 이야기를 하려니 남들은 내가 대단한 호주가인 줄 알 것이다. 그러나 고작 주량이 서너 잔에 그친다. 낭만파의 노병처럼 술병을 끼고 살기를 꺼린다. 문우들과 술을 마시고 대취하여 소를 타고 서울에 입성했다는 이야기는 신선들의 모방일 것이다. 수주 선생이 말술을 마시고 폭취하여 홍수의 탁류에 떠내려가다가 대추나무 가지가 살려준 이야기는 폭소를 자아내게 한다.

지금은 어디 함부로 취생몽사를 흉내조차 낼 수 있으랴. 피곤한 문명과 각박한 민심이 용납을 하지 않는다. 그저 알맞게 취하여 남의 말에 미소를 짓고 들어주며 인정을 다사롭게 다지면 그만이다. 그게 나의 음주 헌장인 셈이다. 술잔을 헤아리며 내 주량의 눈금에 이르면 사양을 한다. 아무리 강권해도 얄밉게 회피한다. 더욱이 2차 3차로 술집을 유랑하는 일은 질색이다. 사람들과 우의가 깃들고 담소의 꽃이 피는 정도가 제일 좋다. 술이 인화를 돕고 풍류를 살리면 금상첨화이지 않은가.

내가 술을 마시는 정취를 어렴풋이 알게 된 것은 유년 시절이 아닌가 하고 여긴다. 아마 다섯 살 무렵이었을 것이다. 산중에서 살 때 애주가인 선친은 어머니를 시켜 술을 담그게 하였다. 누룩을 짓이겨서 고두밥을 비벼 놓고 창출을 섞은 다음 이불을 덮어서 따뜻한 아랫목에 놓아두면 이레가 지나서 술이 고였다. 그 때를 기다려 용수를 박아서 걸러진 청주를 당신의 밥상에 올려놓고 반주를 즐기셨다.

이 가양주는 사랑채의 노인들이나 가까운 친지들을 불러 대접하곤 하였다. 이웃의 손님들이 술대접을 받고 입맛을 다지며 웃음을 가득히 달고 돌아가던 모습이 아련히 떠오른다. 그 찰찰 넘치던 인정과 평화를 잊을 수 없다.

하루는 어른들이 집을 비운 사이에 호기심으로 용수의 술을 손가락으로 찍어 먹었다. 그 맛이 신기해서 이번에는 작은 술잔으로 마셔 버렸다. 그 뒤로 어린 것이 술에 취해서 뒤뚱거리다가 이웃 어른들의 눈에 띄어서 웃음거리가 되고 말았다. 부전자진이라고 박장대소를 하는 게 아닌가. 사실 시조의 '세월이 여류하여'로 시작되는 가락을 선친이 가르쳐 주어서 어른들이 시키면 아무데서도 무릎장단을 치고 불러대던 나였으니.

애주를 하신 선친은 삶도 구름에 달 가듯이 지나가셨다. 달이 휘영청 밝은 밤이면 뒷산자락 소나무 밑에 도롱이를 깔고 앉아 주전자를 비우며 시조창을 즐기셨다. 모내기를 하는 날에도 일꾼들에게 술잔을 권하고 당신은 논두렁에 앉아 소리를 뽑으셨다. 일가 집을 찾아가면 예외 없이 칙사처럼 술상을 올리었다. 그렇지 않으면 서운하셔서 '고얀놈'이라고 고개를 돌리셨다. 그러다가도 아무리 괘씸한 사람도 찾아와 술잔을 권하며 용서를 구하면 화로의 눈처럼 분노를 녹이였다. 술의 청탁이 없듯이 사람도 가리지 않고 받아들이셨다.

한번은 같은 학교의 여직원과 혼담이 있어서 내 직장으로 나를 찾아오셨다. 해으름이라 주막으로 모시고 가서 약주를 받아 올린 일이 있었다. 여러 잔의 술을 얼근하게 드시더니 파안의 미소를 지으며 내 손목을 잡고 이르셨다.

"나는 아마도 네 조부가 70을 사셨으니 그 이상을 살 것이다. 이제야 그 혹독한 애옥살이 세월이 가나보다. 술맛 참 좋구나!"

그러나 아버지는 그 뒤로 뇌졸중으로 넘어지고 불편한 몸과 실어증으로 이승을 하직하셨다. 아버지를 위해 술병을 사 들고 오는 행복이 사라진 것이다. 가만히 생각해 보면 부전자전으로 술과의 인연은 아버지를 벗어나지 않았다. 몇 잔의 술잔일지라도 넉넉한 마음으로 사람들을 대접하고 미운 마음을 모르고 살 수 있으니. 이런 심사로 가양주를 마련하다 보니 동네 술가게를 차릴 만큼 창고가 술독으로 넘친다.

그래서 지우들이랑 산하를 거닐면서 희떠운 장담을 한다.

"여보게들! 내가 우리들이 이렇게 만날 수만 있다면 이승을 마칠 때까지 술병을 차고 옴세. 자 브라보! 건강하게 오래 살자고."

이렇게 살아가는 불효자식을 하늘에서 내려다보시고, 선친은 아마 역시 내 아들이라고 미소를 지으실 지도 모른다.

인월담과 소쩍새

무주구천동은 태고의 향수를 불러오는 지명이 아닐까. 울창한 숲과 산짐승과 구름과 명경지수의 정토로 여기면서…. 나도 유년을 두메산골에서 수채화의 동심으로 살았던 터라 더욱 이곳을 선망하며 살았다.

사실은 무주구천동은 관광할 지역이 아니다. 미화하자면 문명에 지친 사람들을 위한 순례지로 받들어져야 한다. 내가 이곳을 이런 심경으로 찾아든 것은 반세기가 넘나보다. 지금은 고속도로로 승용차를 타고 달리면 두 시간도 채 걸리지 않는 거리다. 그러나 당시는 자갈길과 흙과 모래가 뒤덮여서 시외버스로 한나절을 달려야 했다. 그나마 차들이 낡아서 숨이 가빠 뒤뚱거리고 헉헉거리며 달리다가 쉬기를 자주 했다.

모처럼 충청도의 규수인 약혼녀와 내 여동생 및 남자친구가 일행이 되어서 여행길에 올랐다. 아침에 출발한 버스에서 내리니 해가 한낮이 지나고 있었다. 아담한 민박집에 취사도구를 맡기고 승경을 즐기며 계곡을 따라 걸었다. 아름드리나무들이 펼친 차일을 두른 녹음은 가슴을 시원하게 하였다. 새소리와 물소리에 젖어서 오르다 보니 인월담에 이르렀다.

달을 끌어다 놀게 하는 옥청빛 용소가 아닌가. 신선

들이 한유를 즐길 만한 선경에 그만 이끌려서 너럭바위에 앉았다. 그저 펑퍼짐한 바위면 그만이지 자리를 깔 필요가 있으랴. 귀청이 얼얼하게 들려오는 급류의 소리에 뻐꾸기, 꾀꼬리, 장끼, 비둘기의 소리도 묻어 왔다. 구름이 서서히 산자락을 타고 기어오르고, 솔바람이 미풍을 타고 흘러와서 서늘했다.

우리 일행은 맑은 미소를 머금고 둘러앉아서 술잔을 나누었다. 비록 거문고를 탈 줄 아는 미색은 아니지만 여인들이 사랑의 눈짓으로 권하는 술이라 사양할 나위가 있으랴. 말하자면 지순한 정인을 곁에 둔 두 남자는 주거니 받거니 하면서 도화원의 주인이 되어 갔다. 간간이 자기들의 여인들에게도 권하기를 인색하지 않으면서.

그렇게 무아지경에서 거나하게 취할 만큼 마시고도 술이 모자라서 아쉬웠다. 웬 술맛이 맹물이냐고 투정을 하던 참이었다. 사실은 취기가 정수리까지 차올랐는데도 몰랐던 것이다. 마침 술병을 지고 산을 오르는 지게꾼이 있기에 불러서 세우고 두 병을 샀다. 흡족해서 뒤뚱거리며 징검다리를 건너다가 그만 물속으로 벌러덩 넘어졌다. 그 순간은 이태백이가 술에 대취하여 멱라수의 달을 건지려다가 익사한 경지라고 해야 할까. 그 뒤로는 전혀 의식을 모르고 여러 시간이 지났다.

나중에 눈을 떠 보니 약혼녀가 나를 부축하고 있었다. 여동생마저 인사불성이 된 자기의 연인을 무릎에 앉히고 있지 않은가. 여동생의 연인은 물속에 잠긴 나를 보고 웃어대다가 용소에 떨어져서 허우대더란다. 가까스로 두 여인이 건져내어서 두 남자를 빨래를 널 듯 나란히 눕히고 지킴이가 되었더란다. 나는 한심하게 내려다보는 약혼녀에게 면목이 없어서 바로 서약서를 써주고 노염을 풀게 하였다. 그 서약서는 노처가 된 지금껏 보관 중이고 그 뒤로 절주의 약속을 신통하게 지켜왔다. 한 번 실수는 병가의 상사라 한다지만 신사가 어찌 실수를 거듭하겠는가.

밤이 이슥해서 휘청거리며 민박집으로 내려오려니 머슴새가 무리를 지어 왁자하게 지절댔다. 이에 질세라 소쩍새도 이 산 저 산에서 애잔하게 울어댔다. 반딧불이 어지러이 날고 하늘에서는 별들이 우박처럼 쏟아질 듯하였다.

아침에는 계류에 발을 담그고 다슬기를 건져 올렸다. 청청한 물에서만 살 수 있다는 생물이 아닌가. 고물고물 움직이는 다슬기를 손바닥에 올려놓으며 오염되지 않은 자연이 얼마나 은혜롭게 여겨지던지 모른다. 그 순간 오규채란 시인의 '연아천 야영' 이란 시구가 떠올랐다.

"옷 벗은 알몸으로/ 산의 품에 안겨 눕다.// 지나던 따개비가 잠시 멈춰/ 내 곁에 눕다.// 이렇게 숲 속에 누우면/ 나도 한 마리 풀벌레인 것을.// 세속의 아무것도 다 모르고/ 짜르르 울기만 하는/ 풀벌레인 것을.// 따개비와 눈 맞추며/ 한 밤을 새우다."

이렇게 무주구천동과 인연을 맺은 뒤로 이곳은 나의 청정한 자연의 신전으로 받들어졌다. 어느덧 나도 반세기 넘도록 도시의 주민으로 멀미를 견디며 살아왔다. 도시인을 아스팔트 킨트라고 하기도 하고, 아파트를 시멘트 캐비닛이라고 한다던가. 기계의 소음과 오염된 공기와 사람들의 아귀다툼이 지겨우면 나의 영육을 신선하게 정화시키는 성소가 바로 무주구청동이라고 믿었다.

백련사의 달밤에 바위서리에 앉아 듣던 젊은 비구니 스님들의 애련한 담소를 잊지 못한다. 한여름에 덕유산을 오르다가 고혹적으로 웃어대던 참나리의 자태가 사랑스러웠다. 발목이 덮이도록 눈이 덮인 준령을 타다가 고사목 아래에서 구름이 나를 지우던 시간이 탈속의 경지였다. 이런 저런 사연을 즐기며 찾아든 경우는 참으로 무수히 많았었지.

그러면서 나는 비원처럼 인디언의 추장이 약탈자인 미국 사람들에게 호소한 경구를 읊조렸다.

> "우리에게는 이 땅의 모든 부분이 거룩하다. 빛나는 솔잎, 모래 기슭, 어두운 숲 속 안개, 밝게 노래하는 온갖 벌레들. 이 모두가 우리의 기억과 경험 속에서는 신성한 것들이다. 백인은 죽어서 별들 사이를 거닐 적에 그들이 태어난 곳을 망각해 버리지만, 우리는 죽어서도 이 아름다운 땅을 결코 잊지 못하는 것은 이것이 바로 우리의 어머니이기 때문이다. 우리는 땅의 한 부분이고, 땅은 우리의 한 부분이다. 향기로운 꽃은 우리의 자매이다."

지금 도시에는 나비와 벌들이 사라지고 없다. 처마 밑의 제비도 찾아올 줄 모른다. 하동들이 멱을 감던 냇물에도 물고기가 드물다. 민물새우, 피리, 불거지, 날치, 모래무지, 뱀장어는 찾아보기 어려운 가족들이 아닌가. 지구가 질병으로 신음하는 현실을 증언하는 신호라서 씁쓸하다.

아아, 무주구천동이여! 인월담이여. 그리고 소쩍새여. 내가 어린 날 자랐던 두메산골의 손바닥으로 움켜 마셨던 옹달샘과 목젖이 서늘한 열 길 샘물과 바가지로 퍼서 등물을 하던 박우물처럼 영원해다오. 우리는 오염되지 않은 자연을 비밀의 정원으로 오래오래 간직하며 살아야 하리라.

창작 노트

문학과의 인연을 어디에서 찾을까. 아마 중학교 2학년 무렵이리라. 방학 숙제로 작문 한 편을 제출했더니 학교 신문에 원문이 실렸지 않나. 더구나 작문 선생님이 동급생들 앞에서 읽어주던 감격이라니! 놀랍고도 황홀한 기억이다.

이렇게 작은 계기로 문학에의 애정을 품게 되었다. 그러나 풀잎 같은 민초들을 위한 야망으로 법학을 선택하고 메마른 인생의 길을 걸었지. 그런데도 아주 강렬한 인력으로 문학이 나를 손짓하지 않던가. 급기야 법률을 다루는 직업을 내던지고 문학을 생활로 즐기는 국어 교사로 여생을 보내게 되었다.

그 결과 늦깎이 수필가로 이름표를 단 지 20여 년이 넘는다. 여전히 초라하고 범속한 수준일 줄을 스스로 안다. 하지만 내 수필이 어느 들꽃의 향기로 사랑을 받는다면 더 없는 위안이 될 것이다.

※ E-mail : shl0517@hanmail.net

마철저磨鐵杵 외 2편

조영자趙永子

성탄절이 가까운 어느 날이었다. 밖에는 헐벗은 나뭇가지마다 하얀 눈이 쌓이는데, 서예실 내에는 은은한 먹향기 속에 크리스마스 캐럴이 경쾌한 음표를 그리고 있었다. 학우들은 문방사우文房四友를 펼쳐놓고 차를 마시며 한담을 즐기고 있을 때, 서예선생님이 오셨다. 평소 때 중국 한시 읊기를 유난히 좋아하시는 선생님은 오시자마자 방악의 눈 시詩「설매雪梅」를 읊어 주셨다.

얼마 후, 붓글씨를 쓰고 있는 학생들을 둘러보시다가 선생님은 도톰한 봉투 하나를 나의 서첩書帖 속에 넣어 주시며 집에 가서 열어보라고 하셨다(1987). 나는 그 봉투 안에 든 것이 궁금하여 도무지 공부가 되지 않았다. 바쁜 일이 생겼다는 핑계로 나는 부리나케 집으로 돌아왔다.

가로 25cm 세로 35cm의 화선지에 「마철저磨鐵杵」라고 예서로 쓴 제목 아래 행서로 마철저의 뜻을 풀이한 귀여운 작품이었다. "이백李白이 학문하려고 상의산에 들어갔다가 학업을 끝내지 못하고 하산하는 도중에 계곡에서 한 노인이 쇠절구를 갈고 있는 것을 목격했다. 이백은 의아하여 무엇을 하느냐고 묻자, 노인은 바늘針을 만든다고 대답했단다. 이에 이백은 크게 깨닫고, 그 길로 다시 입산했다"는 이야기가 적혀 있고, 서예선생님의 낙관이 찍혀 있었다.

'마철저磨鐵杵' 이 세 글자는 타고난 재주도, 남달리 배운 것도 없는 만학도로서 문인화文人畵 공부를 하는 나에겐 적절한 교훈이며 좌우명이 아닐 수 없었다. 문인화는 시서화詩書畵를 한 작품 안에 융합하는 종합예술이다. 현대에는 학문이나 예술이 극도로 세분화되고, 전문화된 시대이다. 이러한 시대의 흐름 속에서 시·서·화를 한 작품 안에 담아보려는 나의 꿈은 어려움에 부딪힐 때마다 좌절할 때도 많았다.

그림, 글씨, 시 어느 것 한 가지에 집중적인 노력을 기울인다하더라도 단기간에 큰 발전은 기대할 수 없다. 오랜 수련을 통하여서만이 먹과 붓의 사용법을 터득하게 되는 멀고도 인내를 요하는 배움의 길이다. 그러기에 여생의 취미로 공부해보고 싶은 무한한 매력을 느끼는지도 모를 일이다.

문인화의 대명사는 사군자四君子다. 사군자는 매화, 난초, 국화, 대나무梅蘭菊竹를 가리키는데, 이들은 꽃과 식물 중에서 높은 기상과 품격을 지녔다고 보았다. 그리하여 처음에는 그림의 소재가 아니라 시문의 소재로 먼저 이용하였다. 사군자가 시문에 처음 나타난 것은 중국 최초의 시가집인 시경詩經에서였다. 시경은 공자가 제자들을 가르치기 위하여 사용하였던 문학교육에 관한 것이다.

사군자가 그림의 소재로 즐겨 사용하였던 시기는 북송(960~1126) 때부터라고 한다. 사군자는 지조와 절개, 충성심과 불굴의 지조를 상징하는 인물을 칭송할 때 은유하여 표현하였다. 그 후, 학자나 문인들이 풍류여기風流餘技로 사군자와 묵화를 익히며 즐겼던 것이다. 그래서일까? 문인화의 특징은 자연대상의 사실적인 묘사보다는 작가의 내면적인 사상이나 감흥, 즉 학문적인 소양과 바탕 위에서 간략한 필치로 함축된 뜻을 중시해왔다.

소동파가 주묵朱墨으로 대나무를 그릴 때 주위에서 세상에 붉은 대나무가 어디 있느냐고 묻자, 그러면 세상에 검은 대나무는 또 어디 있느냐고 반문했다는 일화는 문인화의 본질을 잘 간파한 예이다. 또 소동파는 고기를 먹고 대나무를 심는 두 가지의 즐거움을 동시에 얻지 못한다면, 고기를 버리고 대나무를 심는 풍류를 택하겠다고 했다. 정소남(정사초)은 뿌리를 노출시킨 그의 난초그림에서 "이 뿌리를 심어 의탁할 땅이 없다"고 한탄하며 나라를 빼앗긴 슬픔(송나라)을 풍자했다.

국화를 그리다보면 중국문화가 낳은 최대의 시인 도연명陶淵明의 시구를 만나게 된다. "동쪽 울타리 아래에 핀 국화꽃을 따다가 유연히 남산을 바라본다. …본심을 쫓아 자연스러운 생활 속에서 삶의 진리를 발견하는 것이니, 표현을 하려해도 말을 잊었노라"하고 읊었다.

그림을 그리며 시를 짓고, 또 붓글씨를 연마해야하는 문인화는 문학과 미술에 대한 사랑과 취미가 있는 분들에게 꼭 한번 배워보도록 권장하고 싶다.

어떤 예술 분야이건 창작과정은 일반적으로 생각하듯이 예술가의 넘쳐나는 영감이나 감흥에서 쉽게 창출해 내는 유쾌한 작업은 아니다. 작가의 내면세계에 부단히 찾아오는 좌절과 고독 속에서 일어나는 충동과 에너지에 의하여 창작되는 것이다. 그리고 이러한 단계를 거치며 인격도 조금씩 성숙해 가는 것이 아닐까.

오늘날 과학문명의 발달은 우리생활에 편익을 준 반면에 기계화된 생활의 속도는 불안과 초조감을 가중시키고 있다. 대도시의 밀폐된 공간 속에서 지성의 갈증을 해소하고, 정서의 환기통을 열기 위하여 단 몇 시간이라도 일상에서 빠져나와야 한다. 이는 톱니바퀴처럼 맞물려 돌아가는 갇힌 생활의 울타리를 스스로 벗어나려는 몸부림인 것이다. 그리하여 침체되고 위축된 자신을 다시 추스르는 기회를 만들어야한다.

동중정動中靜의 시간은 마음먹기에 달려있다. 아무리 바쁜 일과일지라도 24시간, 365일 계속 뛰라는 법은 없다. 잠시 일상을 뒤로하고 먹을 갈 때면 나만의 고요와 평화 속에 잠길 때도 있다. 하얀 화선지 위에 잘 갈려진 먹물로 왕희지, 구양순, 안진경 같은 서예대가의 해서楷書, 행서行書, 예서隷書, 전서篆書를 본받고, 한글서예 대가들의 글씨체를 닮으려고 수없이 반복하다보면 내 마음의 밭도 갈려진다. 그리고 어느 순간에는 예술의 살아 숨 쉬는 선線이 의도하지 않았는데도 창작될 때가 있다.

문인화도 사군자에서 시작하여 10군자, 그리고 화조화花鳥畵에 이르기까지 수련의 과정은 끝이 없다. 언제 어디서 어떤 형태로 중단될지 모르지만, 그날이 올 때까지 '마철저'의 교훈을 묵상하며 예술의 쇠절구를 갈려고 한다.

고향의 가을 풍경

-감을 그리며-

가을만 되면 내 마음은 고추잠자리가 되어 고향으로 돌아간다. 유년의 가을 풍광 중에서도 아청빛 하늘이 짙푸름을 뚝뚝 흘리고 있을 즈음 앙상한 가지마다 붉은 감이 안쓰럽도록 무겁게 매달린 감나무의 정경이 선연히 떠오른다.

경상북도 월성군에 있는 아담한 강촌마을, 황금빛 들녘과 야트막한 산을 보듬고 흐르는 맑은 강, 눈부시게 정갈한 돌 자갈밭과 목화밭 언덕, 그리고 초가집 지붕 위에 탐스럽게 드리워진 감나무와 실바람에도 그리움처럼 군무를 펼치는 마을 어귀의 코스모스 꽃길이다. 이번 초대전에는 고향의 감을 화폭에 담아보기로 했다.

오뉴월에 노란 감꽃이 떨어지면 호호 불어 개미를 떨어 버리고 아삭아삭 씹으면 약간 떫은맛과 달착지근한 맛이 나온다. 갓 떨어진 싱싱한 꽃은 먹고, 나머지는 실이나 풀잎에 꿰어 감꽃 팔지, 목걸이는 물론 머리에 화관을 두르기도 하였다. 그러다가 칠팔월 장마에 비가 오고 바람이 불 때면 제법 큰 밤알만한 푸른 땡감이 떨어진다. 이것을 소금물이나 된장 물에 이삼일 삭히면 삽삽한 맛이 없어진다. 먹을 것이 없었던 시절, 시골아

이들에겐 군것질하기에 적합했었다.

가을이 깊어 가면 곶감을 만들기 위하여 초가지붕 자락에 자리 깔고 깎은 감을 말리는데, 곶감이 되기 전에 가무스름하고 몰랑하며 쪼글쪼글할 때가 가장 맛있다. 제사에 쓰기 위하여 장만하는 것이기에 우리가 먼저 먹어서는 안 된다. 그러나 곶감이 완성될 때까지 바라보고만 있을 수 없는 일이다. 밤에 어른들이 잠들고 난 후 오빠 언니랑 함께 요령껏 훔쳐 먹곤하였다.

필자가 초등학교 다니던 시절, 중·고등학교 다니던 오빠 언니가 시험 때가 가까워 왔을 때다. 밤이 깊어가자 배는 출출하고 주전부리할 것은 마땅찮고, 생각 끝에 장난을 벌였다. 숙부댁 곶감을 서리하기로 한 것이다. 달 밝은 밤, 담장이나 사립문이야 있으나 마나한 집에 서리꾼이 들어가 곶감을 한 봉지 훔친 후, 뒤안에 대변을 조금 누고 줄행랑을 친 것이다. 아니나 다를까 다음날 숙모님이 간밤에 우리 집에 좀도둑이 들어와 곶감을 서리해 가면서 도둑을 잡지 못하게 비방으로 똥까지 누고 갔더라는 것이다. 죄짓고는 못사는 법! 언니 오빠는 킬킬거리며 웃음을 참지 못하여 단번에 들통나버렸다. 단 한 분의 오빠는 이미 수 년 전에 땅속에 잠들었고, 멀리 떨어져 사는 언니도 노쇠하여 지금은 거동이 어렵다. 나 홀로 아련한 유년의 풍경화를 더듬고 있다.

늦가을 서리 맞아 주홍색깔로 익은 감이 나무에 달려 있으면 잠자리채처럼 생긴, 긴 대나무 장대 끝에 삼베

수머니를 달아 홍시를 따던 짜릿한 기쁨도 잊을 수 없는 추억이다. 물론 홍시는 할아버지 할머니의 몫이지만 터지지 않게 조심하여 나뭇가지를 비틀던 기억은 유년의 동화童畵이다. 늦가을 나무 상자에 짚을 켜켜이 깔고 떫은 감을 따 두면 한 10일 정도 지나면 홍시가 되기 시작한다. 감이 익기 시작하면 그의 같은 시일 내에 익기 때문에 노인들 있는 집에 나눠 주기도 좋은 선물이다. 하기야 가을에는 이웃에 밤, 대추, 석류, 모과 등, 나누어 먹는 것도 많았다.

감나무는 한국 중국 일본에서만 자라는 동양의 나무로서, 그 밖에서는 옮겨 심어도 살지 않는다고 한다. 예로부터 우리 조상들은 감나무를 사랑하였는데, 감나무는 목숨이 길고, 새가 깃들이지 않으며, 벌레가 없고, 열매가 달고 맛이 있으며, 이가 없는 노인도 먹을 수 있는 과실이라고 예찬하였다. 감나무는 목질이 단단하여 화살촉이나 망치의 머리 부분으로 사용되었다. 감나무에 대한 민속도 있었는데, 열매가 풍성함으로 자손 번창과 아들 낳기를 비는 기자목祈子木이었다고도 한다.

나는 푸른 빛깔 나는 고매먹古梅墨을 갈면서 여러 번 묵향을 폐 깊숙이 흡입하였다. 농도 짙게 먹을 갈아 놓고, 입술이 넓은 하얀 쟁반에 주홍색, 황토색, 연지색을 푸짐하게 짰다. 50호짜리의 큰 화선지에 중간 크기의 붓에 주홍색을 진하게 묻혀 소소밀밀疏疏密密을 살려 주먹만한 크기의 익은 뾰족감(사투리로 동이 감)을 중첩되게 붓을 눕혀 짓뭉개고, 감의 볼록한 입체감을 살리기 위하여 다 칠하지 않고 약간의 하얀 여백을 두었더니, 꼭 감이 햇볕에 반짝이는 듯하였다.

많이 익은 감은 주홍색에 연지색을 조금 곁들였고, 덜 익은 감은 황토색에 주홍색을 섞었다. 감의 꼭지는 녹초에 대저를 섞어 처리하고, 나뭇가지와 앙상하게 말라붙은 잎사귀는 붓에 물기를 적게 하여 먹으로 비백飛白을 살리며 거칠게 처리하였다.

6인용 식탁에 담요를 깔고 그림을 그리다 보니, 두어 발짝 물러서서 그림을 본다고 하여 큰 화폭의 구도를 파악할 수 있는 것은 아니다. 때로는 의자 위에 올라가서 그림을 내려다보기도 하고, 그래도 답답하면 아예 부엌이고 응접실이고 간에 그림을 벽마다 테이프로 붙여두고 볼 때가 많다.

감을 유난히 좋아하는 남편은 왜 저렇게 생긴 홍시를 지난 가을에는 사오지 않았느냐고 투정까지 부린다. 지난 가을에는 약품으로 익힌 단단한 단감만 사먹었기 때문이다. 남편은 툭 하면 놀려댄다. "아무리 보아도 올해 감 농사는 틀렸구먼! 늙어 가면서 건강도 안 좋은 처지에 뭘 그렇게 고생하는고. 적당히 끝내구려"하며 어깨 넘어 기웃거린다. "내 인생의 사전에는 중도하차란 단어는 없어요."하며 제법 당당하게 말하지만 속으로는 나 자신에 대한 부아가 고개를 쳐든다. 내심으로는 '쉬운 감도 척 그려내지 못하는 주제에 무슨 잠 고대처럼 개인전 열겠다는 소리만 입버릇처럼 해대는 나' 라는 생각이 들자, 순간 다리에 힘이 쭉 빠졌다.

웬만해서 마음에 흡족한 작품이 떨어지지 않는다. 때로는 붓을 꺾고 싶을 정도로 화가 치밀 때도 있고, 가난한 예술적 재능을 자탄할 때도 많다. 지도 선생님이나 동호인들은 나의 예술적 재능을 인정해 주는 듯하지만, 그들이 진정 나의 이 우직스런 노력의 과정을 보지 않아서 하는 소리이다. 아아. 예술의 길은 팍팍하고 고달픈 구도자의 길임을 날이 갈수록 절감한다. 표현에 약간의 과장을 곁들인다면 그림을 배우기 시작하여 지금까지 버린 화선지는 지게로도 몇 짐 될 것이다. 그래도 아직 별 볼일이 없는 것이다.

내가 그림을 그리는 작업은 흠투성이, 끝없는 시행착오의 내 삶을 그대로 화선지 위에 재현하는 것만 같다. 좌절감에 다시는 붓을 들지 않을 것 같은 마음이 작심 3일은 고사하고 한 시간도 안 되어 또 다시 붓을 드니 이것도 팔자소관인가 보다. 순간 「마철저磨鐵杵」, 쇠막대기로 바늘을 만드는 노파의 상이 떠올랐다. 끝없는 실패와 재도전의 연속이 예술수련의 길임을 절감한다.

감을 그리기 시작한 지 한 달이 지난 어느 날 내 마음에 70점정도 되는 작품이 나왔다. 혼자 그림을 멀리서 바라보고 가까이 다가서서 바라보아도 23개의 탐스런 뾰족감이 자연스럽게 배치된 것 같다. 그림이 '주인님께서 목마르게 찾고 있던 것인지요?' 하며 수줍은 듯 배시시 웃으며 속삭이는 것 같다. 나는 소리 내어 답을 했다. '그래, 됐다. 드디어 나왔구나! 저녁에 식구들이 오면 이것이다 해야지!'

주전자에 찻물을 데우며 피곤한 몸을 소파에 묻었다. 이제는 나 자신이 객관적인 관람자가 되어 구도, 묵색, 원근 등을 매서운 눈초리로 점검한다. 서운한 곳은 한두 군데 있지만 관심 있게 샅샅이 살펴보지 않는 이상 스치고 지날만한 결점들인 것 같다. 안도의 한숨을 내쉬며 느긋한 미소로 새로 태어난 작품을 감상한다. 앙상한 나뭇가지에 주렁주렁 매달린 붉은 감 사이로 고향의 푸른 하늘이 보이고 갈바람 소리가 들리는 듯하다. 눈을 감으니 유년의 뜰이 펼쳐진다. 나는 어느새 피로를 잊고, 한 마리의 고추잠자리가 되어 유년의 들녘을 휘돌며, 추억 속으로 연연히 몰입되어 간다. 아아. 문방사우文房四友와 함께한 지도 어언 17년이 넘었나 보다.

시선詩仙 이백李白을 울린 '모란'
-모란꽃을 그리며-

미술초대전에 무엇을 그릴까 생각하다가 모란꽃을 그리기로 했다. 얼마 있으면 딸이 시집을 가게 되는데 딸네 집 응접실에 걸어 둘 작품으로 무엇을 그려줄까 생각하다가 부귀를 상징하는 모란꽃이 신혼살림에 어울릴 것 같았다.

모란은 꽃 중의 왕이라 할 만큼 꽃송이가 유난히 크고 아름답다. 오월 초, 라일락이 짙은 향기를 뿜어 올릴 즈음이면 모란은 비단결 같은 진자줏빛 큰 꽃망울을 터뜨린다. 모란의 화려함에 정원의 백 가지 화초들이 빛을 잃을 정도로 정취를 압도하고 만다. 무더기로 핀 모란이 화창한 오월의 바람에 넌출거릴 때면 아무리 생활에 쫓기는 걸음일지라도 그 농염한 자태 앞에 머뭇거리게 된다.

그런데 모란을 그리다 보니 모란꽃에 얽힌 이백의 시詩가 생각나고, 그 시로 인하여 이백이 궁중시인인 한림학사翰林學士의 자리에서 쫓겨난 슬픈 사연이 떠오르는 것이다. 모란은 당나라 때 나라꽃이었다.

중국의 러브 스토리로 유명한 주인공 현종황제는 자신보다 나이가 34세나 아래인 총애하는 애첩 양귀비와 더불어 화창한 5월 어느 날 모란꽃을 구경하려고 심향정沈香亭으로 나왔다. 황제는 이백을 불러 가사歌詞를 짓게 하고, 궁중의 가무단歌舞團으로 하여금 노래를 지어 부르게 하였다.

이백은 황제가 불러도 모르고 여느 때와 같이 장안 거리 어느 술집에서 술에 취하여 잠자고 있었다. 고력사들이 잠자고 있는 이백의 얼굴에 찬물을 끼얹어 깨워 현종 앞에 데리고 갔을 때, 이백은 자신을 가리켜 술에 취한 신선酒中仙이라 했다. 현종은 미소를 지으며 이백을 맞이했다고 한다.

이백은 청평조사淸平調詞란 시 3수를 휘필하여 궁중악단으로 하여금 노래를 부르게 하였다. 크게 만족한 현종은 스스로 옥피리를 불었고, 양귀비는 웃으며 칠보 유리잔에 서량西凉의 명산, 붉은 포도주를 따라 현종에게 바쳤다고 한다.

심향정 모란꽃 나들이는 최고의 기분으로 끝맺음 됐지만 황제의 총애를 받는 이백의 건방진 태도가 환관들의 질투를 사게 된 것이다. 술에 취한 이백은 내시들로 하여금 자신의 신발을 벗기게 하는 등, 거드름 피운 것이 화근이 되었다. 내시들은 「청평조사」시 2수에 양귀비를 조비연에 비유한 것은 양귀비를 무시한 내용이라고 고자질하였다.

"한 가지 농염한 모란꽃에 응이진 이슬 향기 무산의 구름비 하염없던 단장(斷腸)의 슬픈 여신 한(漢)나라 궁중

누구라 비길까보냐. 조비연(趙飛燕) 단장 산뜻이 아리땁 고야."

미인이 많았다고 하던 한漢나라 궁중에서도 오늘의 양귀비같이 아름다운 미인이 누구였을까? 겨우 한대에 제일가는 미인 조비연이가 방금 화장을 하고 나서면 간신히 비길 수 있을까? 하며 양귀비를 잔뜩 치켜세웠다. 그런데 조비연은 어떤 여인이었던가? 한대에 제일 가는 미인으로 치는 조비연은 신분이 낮았으나 반첩여를 물리치고 한나라 성제成帝의 총애를 받고 황후자리에 올랐다. 그러나 끝에 가서 조비연은 모함을 받아 평민으로 쫓겨나 스스로 목숨을 끊는, 비참한 최후를 마쳤다.

양귀비의 근본은 어떠한가? 양귀비(본명은 양옥환)는 일찍이 고아가 되어 숙부의 집에서 길러졌으며, 뒤에 18번째 왕자인 수왕의 비妃가 되었다. 귀비는 춤과 노래에 통달했고 총명했으며 미인이었음으로 현종의 총애를 받게 된 것이다. 이러한 자신의 신분 때문에 양귀비는 환관들의 말을 심리적으로 믿을 수밖에 없었다. 이백은 겨우 2년 만에 관직에서 쫓겨난 것이다.

영화의 필름처럼 뇌리를 스쳐가는 중국의 고사를 생각하며, 연지색을 한 그릇에는 묽게 타고, 또 한 그릇에는 진하게 풀었다. 큼직한 붓으로 전지 크기(75cm×135cm)의 화선지에 연한 연지색으로 부드럽게 큼직한 꽃 세 송이는 서로 대화를 나누는 듯 얼굴을 서로 마주보게 그리고, 채색이 완전히 마르기 전에 짙은 연지색으로 꽃의 내부를 칠하여 입체감을 살렸다. 붓에 제일 먼저 노란색을 묻히고, 다음에 연두색, 그리고 붓 끝에 짙은 연지색을 찍어 꽃심을 처리하고, 샛노란 원색과 먹으로 꽃가루를 첨가했다.

꽃송이 한 개는 뒷면에서 살짝 얼굴을 내미는 듯 희미하게 그리고, 또 한 송이는 세 송이가 있는 방향으로 얼굴은 향하게 하였다. 작은 꽃송이 두 개, 꽃봉오리 두 개, 도합 아홉 개의 꽃을 그렸다. 잎사귀를 무성하게 그린 후, 입체감을 살리기 위하여 옅은 색깔의 잎도 곁들였다. 거친 나무줄기를 그리기 위하여 붓에 물기를 적게 하여 먹으로 나무 가지와 둥치를 갈필이 섞이게 단숨에 그었다. 제법 어우러진 모란꽃 사이로 오월의 바람이 머물다 가는 것 같았다.

그림의 화제를 이백의 싯귀 「한 가지 농염한 모란꽃에 응이진 이슬 향기一枝濃艶露凝香」로 달까, 아니면 모란에 대한 자작시를 지어볼까 하다가 잘 알려진 「부귀옥당富貴玉堂」으로 붙였다.

꽃들의 속삭임을 들어주는 벗의 역할 겸, 무겁게 늘어진 큰 꽃송이를 받쳐 준다는 상징적인 의미에서 모란꽃 아래에 작은 바위 하나를 그렸다. 꽃과 돌이 상보작용을 하며, 썩 잘 어울렸다. 꽃이 동적動的이라면 바위는 부동不動이요, 꽃이 화려하다면 바위는 수수하다. 모란은 찬란한 영광을 노래하고 있지만 그 생명이 짧다. 그러나 바위는 말이 없지만 영원하다. 모란이 바위에 의지한 모습 또한 정겹고 시적詩的이다.

완성된 모란꽃 그림을 벽에 테이프로 붙여두고, 소파에 풀썩 몸을 맡기니 지난 열흘 간 모란과 씨름한 피로가 한꺼번에 몰려오는 것 같았다. 모란꽃 습작과정의 어려움은 붓의 물기 조절과 색깔의 선택에 따라서 꽃이 우아하고 부드럽게 보이기도 하고, 조화처럼 딱딱하고 천하게 보이기도 하는 것이었다.

따끈한 녹차를 마시며 그림을 완상했다. 작품에 아쉬운 점이 한 두 군데 있지만 이때까지 수도 없이 그린 작품들 중에서는 비교적 결점이 적은 편이었다. 나는 흐뭇했다. 집안에 경청할 가족들도 없는데 나는 김영랑의 시 「모란이 피기까지는」을 소리 내어 읊었다. 모란은 나의 시 애송에 답례라도 보내는 듯하였다. 계절은 아직도 1월 중순, 그림 때문일까 봄을 기다리는 마음이 오늘따라 유별해진다.

창작 노트

수필 「마철저(磨鐵杵)」는 1991년 『한국수필』 봄호에 발표한 것이다. 수필의 내용처럼 '마철저'는 칠십이 넘은 나이에도 필자의 좌우명이다. 「고향의 가을풍경」과 「시선(詩仙) 이백을 울린 꽃 '모란'」 역시 지금으로부터 약 20년 전에 쓴 글이다. 스피드 시대에 글의 내용이 너무 늙어서 곰팡이 냄새가 날지도 모르겠다.

수필에 있어서 작가메모는 사족(蛇足)에 불과하다. 글자체가 이야기이기 때문이다. 구태여 위의 3개 수필을 골라낸 이유를 말하라면, 지금 그림을 그리지 않고 집필에만 매달리다보니 그림으로 돌아가고픈 심정에서 골라낸 지도 모르겠다. 우리가 고향을 그리워하는 것도 '고향' 속에는 잃어버린 유년이 있고, 돌아가신 부모님의 육성이 살아있으며, 연어처럼 고향으로 돌아가고픈 본능 때문이리라. 같은 맥락에서 필자도 본능에 좇아 잃어버린 지난날들을 그리워하며 옛 글들 중에서 추려보았다.

※ E-mail : yccho715@gmail.com

산방일기 외 2편

전일환全壹煥

작년 어느 여름날, 만덕산 아래 산밭 언덕에 작은 집을 지으려고 설계소를 찾았다. 오랜 꿈이 실현된다는 생각에 마음이 설레었다. 지적도, 도시계획서, 농지활용계획서, 문화재영향평가 등등 갖춰야 할 서류들도 하 많다. 집도 짓기 전에 지레 지쳐버리지나 않을까 적이 걱정이 앞섰다. 이래저래 필요한 서류들을 주섬주섬 준비하여 설계를 맡기고 측량도 시작했다.

그런 얼마 뒤에 한 장의 통지서가 날아왔다. 도로가 도면대로 나 있지 않아서 도시계획심의를 할 수 없다는 것이었다. 세상에 이럴 수가? 돈깨나 있고 힘 있는 자들은 산도 무너뜨려 골프장도 잘 만들고, 경관 좋은 곳에 아파트도 짓고, 이 강산을 마음대로 난도질하며 난리들인데 농막農幕이나 문방文房 같은 조그만 집 하나도 내 뜻대로 지을 수 없다니 참 기가 찰 노릇이었다. 한동안 실망의 수렁에서 빠져나오기가 정말이지 힘들었다.

현직 변호사를 하고 있는 후배에게 나랏법이란 게 힘

없고 어렵고 가난한 이들을 위해 있는 게 아니라, 돈 많고 힘깨나 쓰는 자들을 위해 존재하는 게 아니냐 했더니 뜻밖에도 그렇다는 대답이다. 그럴 수가? 정말 그러냐고 되묻는 나에게 우리나라만이 아니라, 서구 유럽도, 공산사회주의 국가들 모두가 그렇다며 영락없는 책상머리 샌님이라는 표정으로 야릇한 미소를 짓는다. 한동안 머릿속에서 회오리바람이 일면서 금새 쑥대머리처럼 머릿속을 헝클어 뒤집어버린다.

그러고 보니 그랬다. 재벌총수들이 폭력이나 비리에 연루되어 구속될 때마다 그들은 한결같이 우의 같은 흰 가운을 쓰고 의자에 앉거나 아예 병원침대에 누워서 관계당국에 소환돼 가는 TV영상들이 무수히 나의 뇌리를 스치고 흘러갔다. 그리고 얼마 뒤엔 병보석으로 모두들 풀려나고, 1년 안에 하나같이 사면 복권되면서 아주 깨끗한 사람으로 세탁되어 버리기 때문에 그들은 전과자가 아니었다. 폭력을 쓰고, 탈세를 하고, 성매매에 연루되었던 파렴치한 재벌총수들 모두가 하나같이 범법자가 아닌 것이다. 오죽 했으면 사람들은 유전무죄, 무전유죄의 몹쓸 세상이라 자괴했을까싶다.

이게 우리가 살아가는 사람 사는 세상이던가. 새삼 세상 돌아가는 물정도 모르면서 평생 강단을 지키며 살아 왔던 자신이 너무도 초라하고 한심하기 이를 데 없다. 이런 저런 생각으로 마음시린 나를 불러 깨운 건 그래도 방법이 있다는 한 통의 전화였다. 시큰둥한 마음을 감추지 못하고 전화를 받아보니 주택이 아닌 농

사용 관리사로 간소하게 지으면 된다는 거였다.

마음이 내키지도 않고, 신경 쓰기도 싫었다. 아내도 내심 잘 되었다고 위로 아닌 위로를 하였다. 나중에야 안 사실이지만, 아내는 은퇴한 내가 농장에 집을 지어 얼마나 쓰겠냐는 생각을 했다는 거였다. 처음 그 말을 들었을 땐 내심 언짢기 이를 데 없었지만, 얼마 지나지 않아 그 말도 무리가 아니었다는 생각에 이르렀다. 사실 내가 아는 사람들 가운데는 경관 좋은 곳에 아름다운 집을 짓고 살다가 현실의 벽을 넘지 못하고 이러지도 저러지도 못하는 친구들이 하나 둘이 아닌 터에 그도 그럴 법했다는 생각에 동의했다.

어쨌건 작년 가을, 우렁이만한 아주 작은 일간와옥一間蝸屋 하나를 밭 한 쪽 가장자리에 앉혔다. 그래도 지어 놓고 보니 작고 초라하지만 그런대로 쓸 만했다. 약수만큼 좋다는 샘물도 수도로 연결하고, 전기도 끌어들여 자그만 냉장고에 연결했다. 그리고 조그만 연못도 팠다. 야생 수련과 물옥잠 같은 다른 수초들도 심을 작정이다. 돌을 잘 다루는 친구가 바윗돌을 예쁘게 쌓고 군데군데 철쭉도 심어 주었다. 맑고 깨끗한 물이 그득 고였다. 정말 아무 것도 살지 않는 태고적 황량함 그대로다.

그런 얼마 뒤였을까. 어느 바람 시원한 날, 무심코 연못가에 앉아 물을 바라보았다. 물 위에 푸른 하늘이 거꾸로 담겨 나를 쳐다보고, 가끔씩 하얀 구름이 헤엄을 치며 흘러간다. 그런데 그 순간 물속에서 자그만 물체 하나가 움직이고 있었다. 저게 뭘까? 조용히 숨을 죽이고 들여다보았다. 잰 걸음으로 물 위를 걷다가 연못 깊숙이 잠수를 하고 이내 물 위로 떠오른다. 어릴 적 물장구치면서 보았던 바로 그 소금쟁이였다. 자연의 조화造化가 너무도 신비롭고 경이로웠다. 연못을 판지 얼마나 되었다고 어디서 여기까지 이사를 왔다는 건지. 어떻게 왔을까? 알에서 부화했을까, 날아 왔을까, 기어 왔을까? 별의별 생각을 다 해보았지만, 무지한 우리 인간의 머리로서는 도무지 헤아릴 길이 없었다.

그 이후 개구리 알이 깨어 이리 저리 서리고, 도롱뇽 알도 서너 개나 동그렇게 또아리를 틀었다. 초록색 이끼도 파랗게 끼기 시작했다. 연못의 돌을 쌓아주었던 친구도 이런 자연의 신비로운 조화에 감탄을 하며 야생수련과 불미나리, 물옥잠을 캐다가 심어주었다. 그리고 글씨가 좋은 호암浩菴 선생께 부탁하여 '만덕산방萬德山房' 이라는 액자도 걸어 두었다.

지금은 친구들도 가끔씩 방문하여 잡초도 뽑아주고, 고사리도 꺾어간다. 때론 차 한 잔 나누고, 술 한 잔 하면서 물도 좋고 바람도 맛있다고들 찬사를 늘어놓기도 한다. 며칠 전엔 마을 계곡폭포 옆에서 식사를 했는데, 전주 근교에도 이렇게 좋은 곳이 있었냐고 너스레를 늘어놓는 벗들이 그래도 참 정겨웠다.

그 말 한 마디

지난 여름, 반백의 동창들이 선운사 계곡에서 야유회를 가졌다. 해마다 여러 차례 찾았던 곳이지만, 올 여름 선운사 골짜기는 더없이 정겹기 그지없었다.

소나기가 몇 차례 지나간 장마 끝이어서인지, 골짜기를 흐르는 물소리가 숲길까지 울려 퍼져 그렇게 시원할 수가 없었다. 이십 수년 만에 처음 만난 동창들도 오솔길을 오르면서 정겨운 이야기를 나누다 보니 그 생경함이 금세 사라진다. 그 중에는 오다가다 몇 번 스치운 친구들도 있고, 동기간처럼 아주 가까이 지내는 벗들도 있었지만, 어차피 우린 동창이란 굴레를 쓴 사람들이라 조금도 서먹한 마음이 들지 않았다.

오솔길을 따라 한참을 오르다가 우리들은 계곡물이 실팍하게 흐르는 너른 바위 위에 자리를 잡았다. 어디를 가나 행락객들이 버린 쓰레기 때문에 고약한 악취가 풍기지만, 여긴 그래도 덜한 것 같다. 가끔씩 골바람에 실려 온 싱그런 산 향기 덕택일 거라는 생각이 들었다.

의례적인 절차를 마친 다음 준비해온 푸짐한 안주와 술과 밥이 그 너른 반석 위에 펼쳐졌다. 온갖 이야기를 주고받으며 몇 순배 술잔이 돌자 취흥이 도도히 흘렀고, 취흥 따라 노랫가락도 도솔산 골짜기에 울려 퍼졌다. 오늘을 사는 우리들도 우리네 선인들처럼 노랫가락을 즐기고 노는 것 역시 유별났다. 학창시절 우리네 정서에 녹아들었던 가곡으로부터 각종 유행가가 흐르는 가운데 좌중의 흥취도 무르녹았다.

취흥에 겨운 노랫가락이 도솔산 계곡을 흐를 때마다 우리들의 우정은 더욱더 깊어만 갔고, 취흥에 빠져버린 우리들은 세사와는 거리가 먼 도화원桃花園의 신선 같았다. 발그레하게 홍조 띤 얼굴에 그 옛날 학창시절의 모습이 오버랩 되기도 했지만 깊게 패인 주름살과 반백이 넘은 머리카락이 왠지 우리들 마음을 서글프게 하였다.

자연의 순리는 엄연한가보다. 인간도 자연의 일부분이다. 아무리 막강한 권력자라도, 제아무리 세상을 말아먹을 재력가일지라도 이 엄연한 자연의 진리만은 거스를 수 없다. 벌써 지천명의 나이란 중늙은이일 수밖에 없다. 하늘로부터 부여받은 천분天分을 알 나이란 이런 세상의 이치쯤이야 터득한 철든 사람이란 뜻이렷다.

2천 2백여 년 전 최초로 중국대륙을 통일하여 만리장성을 쌓고 아방궁을 지어 온갖 영화를 누렸던 시황제 영정嬴政도 자신이 죽으면 묻힐 제릉을 70만 명이나 동원하여 축조했노라고 『사기』와 『한서』에 전하고 있다. 그러고 보면 불로초를 구해 늙지 않으려 했던 그 역시 이러한 자연의 순리를 잘 알고 있었던 현자가 아니었던가싶다.

인간은 유한한 존재이다. 제아무리 큰 힘과 주체할 수 없는 금권이 있다한들 이 모두가 일순간의 거품에 불과하다. 반야심경의 색즉시공 공즉시색色卽是空 空卽是色이라는 구절이 우주를 꿰뚫는 만고의 진리임을 깨닫게 한다. 인간 백년이란 세월도 억겁億劫에 비겨보면 찰나刹那에 지나지 않는다.

노랫가락과 취흥에 빠져 있는 친구들의 깊어진 주름살과 서릿발 같은 백발을 보면서 이런저런 상념에 잠겨 있는데, 자리를 옮겨 운동을 하자고 누군가 제안을 했다. 아무도 이의를 달지 않고, 그가 하자는 대로 따라갔다. 담임선생을 따라가는 초등학생처럼 그렇게.

그 곳은 선운 야영 캠프장이었다. 배구 네트를 테니스 네트처럼 그렇게 치고 손대신 발과 몸으로만 공을 밀어내는 발 배구를 하자는 거였다. 극동식 배구처럼 9명씩 편을 나눠 게임을 시작했다. 발로 서브를 하면 그 공을 받아 배구와 같이 공격을 하면 되는 경기였다. 그러나 서브나 리시브가 마음 같질 않았다. 아무리 정성을 들여 열심히 해보아도 공은 제멋대로 튕겨 달아나 버리니 경기가 순조롭게 이뤄지지 않았다.

급기야 한쪽에서 쉬고 싶다고 한사코 사양하던 내가 뛰어나가 선수교체를 자청했다. 왕년엔 그래도 배구 경기가 열릴 때면 늘 선수 측에 낄 정도였기 때문이었다. 그러나 이게 웬일인가? 똑바로 서브한다는 게 왼쪽으로, 또는 오른쪽으로 제멋대로 빗나가 버리고, 내 앞으로 오는 공을 정면으로 찬다는 게 때그르르 굴러 발 앞에 떨어지니 기가 찰 노릇이었다.

벌써 나이가 들어 생각과 몸이 맞아 떨어지지 않는 게 한심스러웠다. 나만이 그런 게 아니라 모두들 마찬가지였다. 볼이 엉뚱하게 빗나갈 때마다 서로들 재미있다는 듯 한바탕 웃음바다를 이루었다. 그렇게 얼마간 경기에 열을 올리고 승부에 몰두하고 있을 때였다.

"맨 할아버지들뿐이네."

어디선가 앳된 여자의 목소리가 크게 울려 퍼졌다. 워낙 깊은 산속인지라 목소리가 크고 또렷하게 들렸다. 우리는 약속이나 한 듯이 경기를 멈추고 일제히 소리 나는 쪽으로 시선을 돌렸다. 야영 캠프장 정문 쪽에 여고생인 듯한 소녀들 서넛이 우리들을 바라보고 있었다. 모두들 어안이 벙벙한 표정들이었다. 우리밖에 다른 사람이 거기엔 아무도 없었기 때문이었다.

너무나도 놀라운 충격이었다. 사람은 정말 어리석은 동물인가. 만물의 영장이라 하면서도 한없이 우매한 것을 어쩌랴. 그 가운데서도 나이를 먹는다는 것을 느끼지 못하는 우둔함과 몽매함이 가장 심각하다. 육체는 노쇠해도 정신은 육체만큼 노화하지 않기 때문인가.

자식에 대해서는 부모의 사랑이 겹쳐 이러한 현상이 더 심하게 나타나기 마련인가 보다. 아무리 자식이 나이를 많이 먹었대도 부모의 눈엔 늘 어린애로 보일 것이기 때문이리라. 아흔 살 된 아버지가 냇물을 건너면서 일흔 살 된 아들에게 '애야! 조심해서 건너야 한다"고 일렀다던 일화가 있지 아니한가.

복잡한 세상일에 쫓겨 허위허위 살아오던 우리들이 그 여고생인 듯한 소녀들의 동공을 통해 확인된 자신들의 모습을 새삼 들여다 볼 수 있었던 것은 그리 흔한 일이 아니다. 지천명을 넘겨 반백이 되었거나 온백이 다 된 머리카락만 보더라도 벌써 중늙은이는 되지 않았을까.

"맨 할아버지들뿐이네."

아직도 그 여고생인 듯한 소녀들의 또렷한 그 말 한 마디가 귀에 쟁쟁히 울려온다.

예전엔 정말 왜 몰랐을까

하나님은 참으로 오묘하게도 인간을 창조해냈다. 나이가 들어가면서 스스로 깨닫기도 하고, 보고 들으면서 배우기도 한다. 그리고 인간들이 만든 교육제도에 묶어 놓고 전문적인 것들을 가르침을 통해 익히기도 한다. 그렇지만 평생을 배우고 또 배워도 죽을 때까지 깨닫거나 알지 못하는 것들도 많다. 그래서 살아있는 동안 변변한 벼슬 하나 못하고 죽은 사람의 묘비에는 하나같이 '학생'이라고 쓰는 까닭이 여기에 있나보다.

나는 요즘 나 스스로 깨닫고 알게 되는 일이 참으로 많다는 걸 느끼며 산다. 하나하나 알고 깨달아가면서 세상살이에 재미를 느끼게 되는 것도 한두 가지가 아니다. '눈에 넣어도 아프지 않을 만큼 예쁘다'는 말도 외손녀 손자를 보면서 알 것 같고, 몸소 체험하지 않고서는 세상사를 알 수 없다는 것도 느끼며 살아간다.

시집간 딸애가 아이를 낳고 힘겹게 살아가는 모습을 보며 내심 안쓰러웠다. 그러면서도 그런 과정을 거쳐야 부모심정도 깨닫게 되고, 철이 드는 법이라고 그렇게 일러 왔다. 그런데 어느 날, 우연히 열어본 딸애의 홈피가 내 마음을 찡하게 울렸다.

유모차가 아니면, 아이를 등에 업은 엄마가 백화점에, 마트에, 시장바닥에 왜 나오는지, 그것이 그나마 그가 누릴 수 있는 유일한 외출의 기회이고, 기분전환이라는 걸 난 예전엔 미처 몰랐네.

울고불고 보채는 아이를 무릎에 앉히고 달래면서 정신을 차릴 수 없을 만큼 힘들어도 굳이 외식을 하는 건 그렇게라도 남편과 기분전환하지 않고선 다시 일주일을 버텨낼 힘이 없다는 걸 난 정말 미처 몰랐었네.

화장기 없는 맨 얼굴에 머리는 하나같이 뒤로 질끈 동여매고 우유와 침으로 얼룩진 옷을 입는 것도 그들이 결코 게을러서가 아니라 미처 신경 쓸 정신적 여유가 없어서라는 걸 예전엔 미처 몰랐었네.

정말 너무 힘들고 괴로워서 어떤 날엔 일상에서 훌쩍 도망가고 싶은 데도 온 세상이 환하도록 밝게 웃는 보물 같은 아이가 있어 그런 감정이 눈 녹듯 사라진다는 걸 예전엔 정말 몰랐었네.

이것은 딸애가 아이를 낳고 기르면서 홈피에 내걸었던 글이다. 그렇다. 인생이란 자신이 스스로 체험하지 않고선 알 수 없는 일들이 많다. 안다면 그저 관념적 해석에 그친다고 해야 옳다. 말이야 역지사지易地思之라고들 말들 하지만, 몸소 절절히 체험하지 않고서는 그 가장자리에도 이를 수 없다는 게 우리의 인생이다. 그래서 우리 속언에도 '홀아비 심정 과부가 알고, 과부심정 홀아비가 안다'고 하였던가. 정말 하나님의 섭리는 오묘하기가 이를 데 없다.

꼭 18년 전의 일이다. 민주화의 열기가 대학가를 열병처럼 휩쓸고 지나갈 때가 있었다. 내가 근무했던 우리 대학에서도 교수협의회를 창립하고 대학민주화를 외칠 때, 나도 그 선봉에 서서 혼신의 힘을 쏟았다. 그 여파로 하루아침에 해직이 되고, 보아도 보이질 않고, 들어도 들리지 않으며, 먹어도 맛을 알 수 없는 삼불삼매三不三昧의 참담한 불행을 몸소 겪었다.

참으로 견디기 힘든 그런 상황 속에서 아내는 걱정을 같이 하면서도 밤이 되면 금세 잠에 곯아떨어지기 일쑤였다. 그런 그를 보면서 '그래야지, 당신까지 잠을 이루지 못한다면 내가 그 고통을 어찌 감당할 수 있겠냐'면서 오히려 감사해 했다. 하지만 아내와 내가 똑같이 잠을 이루지 못한다면 그 고통은 몇 곱절이나 배가할 것이라고 생각을 하면서도 내심 서운한 생각을 떨치기가 어려웠다.

직접 체험하지 않으면서도 그러한 심정이나 정황에 이른다면 정말 인간은 세상에서 가장 불행한 존재일 수밖에 없을 것이다. 언필칭 부부를 일심동체라고들 말들 하지만, 그건 정말 관념적이고도 피상적인 해석에 불과할 뿐이다. 어떤 부부라도 고통과 아픔을 똑같이 공유할 수는 없다. 그게 하나님의 오묘한 섭리다. 그래서 우리 인간은 어떤 고통도 참고 망각하면서 세상을 살아갈 수가 있는 게 아닐까싶다.

만일 어느 한 쪽이 불치의 병에 걸려 신음한다면 상대방은 지레 그보다 더한 고통의 늪에 빠져 허우적거리다가 하늘이 준 천수天壽를 다하지 못하고 생을 먼저

마감할 수밖에 없을 것이다. 정말 인간은 자기 스스로 체험하지 않고는 그 고통을 알 수 없는 참으로 우매한 동물이다. 사랑도, 미움도, 아픔도, 자기가 직접 겪어보지 않고는 그것이 어떤 것인지 느끼지 못한다. 이것이 하나님이 우리 인간들에게 준 엄청난 선물이다.

나는 요즘 온 세상이 환하도록 밝게 웃어주는 세상에서 제일 귀중한 보석을 둘씩이나 거느리는 행복을 누리고 있다. 눈에 넣어도 결코 아프지 않을 예쁜 외손녀, 손자의 재롱 속에 갇혀 산다. 자식을 기를 때는 결코 알 수 없었던, 말할 수 없는 그런 즐거움이 있다. 이순耳順을 넘긴 나이에 이르러 인생의 희로애락의 참 의미를 느끼며 살아간다. 그리고 나이가 들면 왜 귀가 부드러워지는 이순이 되고, 눈이 어두워 세상을 대충 보아 넘기게 되었는지도 어렴풋이 알 것 같다. 나이를 먹은 만큼 세상을 곱게 보아 넘기게 되고, 듣는 것도 놓치기 일쑤여서 세상사 그냥 더불어 살아가도록 만든 하나님의 조화造化가 참으로 신비롭기만 하다. 그래야만 하나님이 인간에게 허여許與해 준 천수를 다할 수 있지 않을까싶다. 나이 들어서도 젊은 날처럼 복잡한 세상사 다 듣고 보면서 이것저것 간섭을 한다면 늙은이 필경 망령났다고 핀잔 받을 게 분명하다. 그래 말자. 자그만 일 환하게 보면서 쓸데없는 간섭도 말고, 듣지 않을 일 들으면서 못된 망령 부리지도 말자. 그저 나이답게 하나님의 뜻을 깨달아 가면서 한 세상 살아보자. 이렇게 단순한 세상사를 나 예전엔 정말 왜 몰랐을까.

창작 노트

여름장마가 한 달이 넘도록 지루하게 내리고 찾아오는 사람조차 없는 날, 친구가 보내온 편지를 읽고 역옹(櫟翁) 이제현이 처마에서 떨어지는 낙숫물을 벼루에 받아 「역옹패설」을 쓰듯이 그렇게 수필을 쓰고 싶었다. 그리고 연암(燕巖) 박지원처럼 고향 황해도 금천 시냇물 소리를 들으며 듣는 이의 마음가짐에 따라 물소리가 다르게 들린다는 「일야구도하기」의 심미안도 갖고 싶었다. 그리고 때론 사계의 자연 순환을 몸으로 느끼면서 글도 쓰고, 산에서 불어오는 상큼한 바람을 차에 타서 마시고도 싶었다.

80년대 초반부터 수필이랍시고 글 아닌 글을 써온 나에게 송문 형께서 두 편의 작품을 보내라고 하였다. 망설이다가 용기를 내었고, 그로 인해 등단의 길에 들어섰다. 그리고 정년에 즈음하여 30여 년간 여기저기 써냈던 글들을 엮어 2권의 수필집도 출간했다. 그러나 마치 실오라기 하나 걸치지 않은 벌거벗은 몸뚱이를 내보이는 그런 부끄러움이었다. 이 세 편도 꼭 같은 심경이다. 하지만 어쩌랴? 깊이를 알 수 없는 심연 같은 선조들의 고전 수필들을 읽어가며 그분들의 문장미학을 흉내 내듯 수필을 쓸 수 있다는 게 얼마나 다행스런 일이런가.

※ E-mail : jeonih@jj.ac.kr

가지나물 외 2편

김 현金賢

윤기 자르르한 자주색 색조가 무척이나 신비롭다. 툭 잘라 한입 베어 물면 연한 떫음으로 답하는 부드러움 또한 매력적이다. 가지를 보노라면 어김없이 되살아나는 기억이 있다. 어머니는 밥 위에 쪄진 가지를 손으로 갈래갈래 찢어 마늘을 다져넣은 다음 삼삼하게 무쳐 접시에 담으셨고, 아버지께서는 그 가지나물을 남김없이 드셨다.

또 한 종류는 살짝 쪄낸 가지의 양끝을 그대로 둔 채 중간 반을 고르게 찢고 갖은양념을 하는 요리였다. 가지를 좋아하는 사람은 고집이 세다고 한다. 아버지께서 골수 야당정치인으로 꿋꿋하게 살아오셨던 것이 가지나물을 좋아하셨던 까닭이었는지도 모른다.

아버지가 김대중 내란음모 사건으로 서대문교도소에 수감되셨던 때였다. 그 당시 대학 2학년생이었던 나는 교도소가 그렇게 무시무시한 곳이라는 것을 미처 몰랐었다. 5분이라는 짧은 면회시간이었지만, 아버지께 여쭈어볼 말이 없어서 어머니를 따라 그냥 뒤돌아서곤 했다. 그저 슬펐지만 울 수도 없었다. 차츰 면회시간이 익숙해지고 주변 환경도 눈에 들어왔다.

어느 날 가지와 호박 등을 가득 실은 운송차가 교도소 안으로 들어가는 것을 보았다. 그 안에서는 어떤 반찬이 나오는지 궁금해졌다.

"가지나물 반찬도 나와요?" 하는 물음에 웬 가지나물이냐며 고개를 가로저으셨다. 나중에 알게 된 일이지만 무슨 암호가 아니냐고 추궁을 당하셨다고 했다. 가지나물을 좋아하는 아버지의 식성을 염려하던 딸의 애틋한 물음까지도 사상적으로 의심을 받았었다. 면회 때 여쭈어본 가지나물 이야기가 기록되어 상부에 보고되었던 것이다.

무슨 반찬에 어떻게 식사를 하셨는지 궁금하지만 더 이상 여쭈어 볼 수도 없었다. 아버지 생신날엔 구속자 가족들과 교도소 마당에서 가지나물과 떡을 나누어 먹으면서 면회를 기다리기도 했다. 그 지긋지긋하던 시절이 그래도 좋았던 것 같다. 지금은 뵙고 싶어도 뵐 수 없으니 하는 말이다.

한시대가 극가 보안법이라는 올가미를 만들고 위반했다고 죄를 뒤집어씌웠다. 고문을 하고 국민이 뽑아준 국회의원직도 사퇴하게끔 만들고, 그 것도 모자라 교도소에 구속하였다. 갇혀 계시는 아버지의 그 처절한 모습을 안타까워하는 우리들의 슬픔은 말할 수 없었지만 호소할 곳조차 없었다. 그냥 숨을 쉬니까 살아있는 셈이라고나 할까. 그 억울함은 국회의원 선거 때가 되면

교도소에 갔다 왔다는 경력이 중요시되고 수감번호표가 훈장처럼 빛나는 것으로 조금은 상쇄되는지 모른다. 하지만 그때의 심경을 누가 감히 짐작이나 할 수 있을 것인가.

초등학교 때의 일이다. 어수선한 분위기가 계속되던 어느 날 오랜만에 돌아오신 아버지를 뵈었었다. 인사를 드리기도 전에 "파스를 사와라." "방문을 닫아라." 하는 어머니의 분부로 심부름을 해야 했다. 이러한 집안 분위기는 나의 호기심을 자극하였다.

고문을 당하시고 엉망이 된 아버지의 몸을 어린 나에게 보이지 않으시려는 의도였지만, 나는 문사이로 아버지의 그 가지색을 띤 검게 멍든 상처를 보았다. 어린 마음에도 멍청이가 되어야 한다는 것을 느꼈었다. 작은 멍청이였지만, 그런대로 진실하게 힘을 키워야 한다는 이치를 터득하며 자랐다. 심심하면서도 마늘이 씹혀 매움한 가지나물의 그 은근한 맛을 느끼게 된 것이다.

흐르는 시간 속에서 하느님이 주시는 것은 고통을 통과할 수 있는 에너지였다. 이제 고통을 즐기는 듯한 나의 여유스러움까지 깨닫게 된다. 굴광성 식물처럼 고통스러운 대로 새로운 분출구로 향한다. 시장을 돌아보다가 가지나물을 좋아하시던 아버지 생각에 싱싱한 가지 몇 개를 샀다. 하지만 돌아가신지 아홉 해가 지난 이번 여름도 아버지의 길고 묵직해 보이던 젓가락은 보이지 않는다.

하얀 모시한복을 입으시고 하늘로 뻗어나는 담쟁이

넝쿨을 벽에 붙여 주시던 그 모습이 눈에 선하다. 연녹색의 수줍음으로 작은 소망의 순을 살포시 흘려내는 듯한 간지러움을 느끼셨을까. 진실한 빛을 향하여 끊임없이 자라나는 여린 힘을 감지하셨을 테지. 그리고 회색빛 담 벼랑을 꽉 메운 넝쿨의 푸름을 소망하셨으리라. 붙잡아 메이면 매인대로 오직 빛을 향하여 뻗어나는 소망을…….

아버지가 그립다. 그러나 나의 가슴속에 자리하신 아버지가 존재하는 까닭에 외롭지는 않다. 가끔 "우리나라 정치인으로서 그런 분은 없었고 앞으로도 없을 거야. 정말 아까운 분이 돌아가셨어." 하는 말을 듣는다.

나는 그런 이야기가 듣고 싶지 않다. 싱싱한 자줏빛 가지의 탄력처럼 곧으신 아버지의 그 뜻은 많은 정치인들의 가슴에 담겨있을 것을 알기에……. 그리고 그분들이 우리나라의 장래를 이끌어갈 정치인으로서 피땀을 흘리는 것을 알기 때문에.

그분들께 감사드리는 마음으로 어머니에게서 배운 가지나물을 만들어보련다. 언제 나라를 위해 몸 바친 분들의 가족들과 자리를 같이 하게 되면 맛이 어떨는지는 모르지만 나의 정성이 담긴 가지나물을 함께 나누고 싶다. 그저 심심하면서도, 마늘이 씹혀 매움하고 은근한 반골의 맛을 내는 그 가지나물을.

옷고름의 미학

공연장으로 들어가면서 입장권을 눈여겨보았다. 입장권 한편에는 주인공이 하얀 옷고름을 매는 모습이 인쇄되어 있었다. 살며시 눈을 내리 깔고 옷고름을 매는 남자 무용수의 표정이 진지했다. 승무를 준비하느라 세상사 번뇌를 꼭 잡아 모아 매는 것은 아닌지.

옷고름을 손끝에 감고 밝은 달에 비추며 별빛 한을 노래하고픈 여인네의 꿈을 알고 있는 걸까. 세부분으로 나뉜 공연을 숨소리조차 내기 어려운 마음으로 지켜보았다. 그저 한복을 입고 옷고름을 매면서, 다 입었다는 마무리를 지었던 옷고름이 아니었다. 무용수가 연출하는 율동에 의하여 살랑살랑, 때로는 힘이 강한 멋진 선으로 다양한 리듬감을 주고 있었다.

여러 가지 모습으로 아름다운 여운을 남기는 옷고름은 나의 잔잔한 감정에 파문을 일으키기에 충분했다. 서구화된 우리의 사회 속에서 고유의 아름다움을 잃어버리고 살아온 차제에 타임머신이라도 타고 되돌아가서 그리움의 빛깔을 지우고 싶은 심경이었다. 옷고름은 옷을 여미는 기능을 가진 일반적인 단추의 역할을 하고 있다. 속고름과 겉고름으로 저고리의 여밈을 마무리한다.

또한 갑자기 당한 사고로 생긴 상처를 동여매는 붕대로 사용되기도 한다. 요즈음이야 약국이 즐비하고 병원이 길 건너에 있지만 옛날에는 그 역할이 컸음을 어찌 말로 다하겠는가. 사랑하는 남녀의 만남에서 옷고름을 입가로 가져가며 수줍음을 표시하는 소도구로 등장하기도 하였으며, 이별 장면에서는 으레 옷고름을 잡아 쥐고는 눈물을 닦는 수건 용도로 쓰이기도 했다. 그러다가 이별하는 아쉬움이 극에 달할 때면 그 증표로 한쪽 옷고름을 떼어내어 건네주기도 했다. 나를 잊지 말고 기억해 달라는 조선 여인네의 간절한 애정 표현이 아니겠는가.

선물을 사줄 일이지 왜 옷고름을 떼어주느냐고 반문하는 일이 있다면 그는 가난했던 지난날을 모르고 하는 말이다. 장식적인 미를 생각해보면 향수가 진하게 번져오는 것 같다. 첫날밤 신부의 옷고름이 스르르 풀어지는 순간을 지창紙窓 구멍으로 주시하는 야릇한 쾌감은 특별했을 것이다. 부끄러움과 사랑의 기쁨이 어려 있는 추억의 증표라도 되었기에 옷고름을 푸는 순간을 엿보았을 테고, 그때의 옷고름은 사랑의 시작을 알리는 신호라 할 수도 있다.

한복의 구성적인 면을 볼 때 짧은 저고리와 긴치마를 두 줄의 가는 선으로 멋지게 연결하고 있다. 오른쪽과 왼쪽 고름이 적당한 비례로 그 길이를 달리하여 구성의 아름다움을 연출한다.

요즈음이야 가끔 한 번씩 입어야 하는 한복에서 골치

아픈 문제가 야기되기도 한다. 오른쪽과 왼쪽 고름의 순조가 번번이 바뀌기 일쑤니 말이다. 두개의 고름이 많은 차이를 보여 보기가 좋지 않음이 확연하다. 또한 내가 입을 때는 잘 되는데 남이 매어달라면 잘 되지 않는 이유를 모르겠다. 명절 때면 다 큰아이가 어머니를 찾아 수선을 떨게 되는 것도 옷고름 때문이다. 옷고름을 메어주시면서 "아직도 이것을 못 매니?" 하시는 어머니의 미소는 꾸중을 하시는 것이 아니다. 아직도 내가 돌보아야 할 몫을 당연히 해내시는 어머니의 당당한 미소처럼 보인다.

옛날에는 자주색 옷고름이 달린 저고리를 아무나 입을 수 없었다. 늙었어도 남편이 있으면 맬 수 있지만 혼자된 여인은 사용할 수 없었다. 이회장 저고리, 삼회장 저고리라고해서 그 부위별 색채를 다르게 배색하기도 했다. 이회장 저고리는 소매 끝과 옷고름만을 다른 색으로, 삼회장저고리는 소매 끝과 옷고름에다가 동정까지 더한 것을 말한다. 이렇듯 배색을 다르게 하여서 색채를 조화시켜 아름다움을 표현하는 데도 한 몫을 했다.

현대로 오면서는 옷고름에 다양한 변화를 주기도 한다. 그만큼 기능적인 면에서나 장식적인 면에서나 풍요로움을 간직하고 있다. 명절 때나 특별한 행사 때라야 접할 수 있지만 우리의 가슴 속에서 한들거리는 것은 어떤 의미를 지닐까?

그것은 아마 옷고름에 깃든 애환 때문이리라. 신체의

움직임에서 비롯되면서도 그 움직임의 여운이 보는 이로 하여금 다양한 감정을 불러일으키는 마력이 있다. 사랑한 마음이 표현되기 전에 옷고름에 살짝 접혀서 애틋하게 전달된다거나, 행위예술에서 훌륭하게 움직이는 선을 연출하는 묘미를 맛볼 수 있다. 경쟁사회의 산물들에 휩싸여 거추장스러운 불편함으로 장롱서랍에 접어둔 한복을 꺼내본다. 접혀준 자국이 굵은 골을 이루고 있지만 저고리를 입어본다. 아름다움이 있는 옷고름의 자태와는 거리가 멀다.

일본인들에게 강제로 끌려가 원하지도 않는 옷고름을 풀어야했던 우리의 옛 여인의 한이 깊게 서려 있는 그런 골이라는 생각이 든다. 그런 아픔도 잊히고 우리의 옷고름은 장롱 서랍에서도, 무용수의 율동에서도, 그 진실한 아름다움을 이야기해낼 차비를 하고 우리의 내일을 기다린다.

화사한 한복을 곱게 차려 입으시고 손자며느리를 보러 예식장에 오신 할머니의 옷고름이 포근해 보인다. 우리의 지난 아픔까지도 살아내신 세월이 할머니의 가슴에 넘실대는 듯하다. 그 가슴을 옷고름이 다소곳하게 장식하고 있다.

저고리 고름 말아 쥐고서 잘근잘근 씹으며 눈물을 감추는 조선여인이 어느덧 내 가슴에 파고들어 썰물로 남실거린다.

할머니

블라우스 단추가 떨어져 나갔다. 대신 달아야 할 새 단추를 찾으려고 단추를 모아놓은 병을 쏟았다. 예쁜 단추와 소박한 단추의 다양함이 눈으로 가득히 들어온다.

한쪽 바닥에 초라한 모습의 파란 단추가 다소곳이 시선을 멈추게 한다. 모서리가 허옇게 마모된 옛 단추였다. 어린 시절 나를 무척이나 예뻐해 주시던 할머니의 겨울 내복에 달려있던 것이다.

그 할머니가 돌아가신지 25년이 지난 지금까지 그 단추가 할머니의 분신처럼 나의 기억 속에 담겨있다.

할머니는 둘째 아들집인 우리 집에 자주 와 계셨다. 그런 까닭에 할머니의 사랑을 많이 받았으리라. 할머니 옆에서 숙제를 할 때면, "현이는 글씨 쓰는 소리가 병아리 모이 쪼는 소리 같고, 예쁘게도 쓰는구나." 하시던 할머니, 엄마에게 군것질할 돈을 타내지 못하는 듯싶으며 모아두신 쌈지 돈에서 십 원, 이십 원을 살짝 건데 주시던 할머니의 많은 기억들이 뭉게뭉게 피어오른다.

파고다 빵 운송차를 지나쳐 오면서 뒤쪽에서부터 "빵, 다고파." 라고 읽으시던 할머니, 일기예보에서 "곳에 따라 비가 오겠습니다" 하던 것을 "고사따라 비가

온단다." 하시기도 했다. 아버지가 잘 사다 주시던 인삼 캐러멜을 카메라라고 이야기하시던 것을 무척이나 놀렸었다. 수줍게 웃으시던 할머니의 주름진 얼굴이 앨범에서 일어나 나오실 것만 같다.

할머니의 손을 잡고 온양 온천에 가서 찍은 세살 때의 나는 지독히도 못 생겼었다. 무척 울다 짜증스러운 표정으로 찍은 사진이라고 한다. 아버지가 시간을 내어 서울 구경, 온천 구경을 시켜 주시던 때였다. 짜증내는 나를 얼마나 안타까운 마음으로 달래셨을까? 내 손을 꼬옥 잡고 계신 할머니의 마음이 느껴져 온다.

나의 신앙심도 할머니로부터 연유된 듯하다. 집에 계시는 할머니께 아버지가 성당에 나가시라고 권유하셨다. 돈 드는 것을 걱정하시다가 결국은 나가시기 시작하였다. 할머니는 오른쪽 무릎을 세우시고 단정히 앉으셔서 교리를 공부하셨다. 그렇게 박자를 맞추다가는 잠깐씩 무릎을 꿇으시기도 하였다.

기도문과 교리문답을 소리 내어 외우시던 덕에 초등학교 일학년이었던 나는 노래 가락처럼 기도문을 들었었다. 우리 집안에서 제일 먼저 영세를 받으시고, 그 뒤에 어머니와 내가 공부를 시작했다. 할머니 곁을 맴돌며 놀았던 덕택에 쉽게 학습이 되어 영세를 받게 되었으리라.

내가 초등학교 4학년 때의 겨울에 할머니가 돌아가셨다. 임종 시간에 갑자기 교우들이 우리 집에 오고 싶어 왔다면서 모여들었다. 할머니는 많은 사람들의 기도와 함께 임종을 맞이하였다. 아버지는 주례를 하시는 중이어서 늦게 오셨고, 나는 친척 할아버지를 모시러 간 사이에 세상을 떠나셨다. 원삼 족두리로 치장하시고 꽁꽁 묶여 예쁘게 포장되시던 할머니의 고요한 모습이 마지막이었다. 그리고는 방문 위에 걸려 있던 세례식 때의 사진을 큰 집 제사 때 보는 게 고작이다.

"현이는 꼭 남복을 입혀서 상여 뒤를 따르게 하거라." 하셨던 할머니의 유언대로 나는 상복을 입은 채 할머니의 상여 뒤를 따랐다. 그 때 할머니의 사랑을 이해할 수 있었을까?

단추같이 작은 사물에서도 할머니의 사랑을 느낄 수 있다는 것은 할머니가 내게 베푸신 사랑의 정도를 증명하는 셈이 된다. 그것은 할머니의 가슴에 묻혀 잠이 들 때면 으레 만져지는 것이었을 게다. 그렇게 잠이 스르르 들었을 때 요의 고실고실함이 그립고, 작은 골방의 아늑함 또한 그립다. 뒤안으로 향한 들창의 햇살이 할머니의 따스함을 대신하기도 할 것 같다. 하지만 이 모든 것은 사라진지 오래다. 삐걱거리는 대청마루를 살포시 걸어야 한다.

이젠 할머니의 모습이 되어 계신 고모들과 어머니에게서 새록새록 살아나는 그리움에 세월의 덧없음을 뼈저리게 느낀다. 수박을 드시던 어머니가 팥죽과 수박을 유난히 좋아하셨던 할머니의 식성을 이야기해 주셨다. 돌아가신 후에도 햇과일이 나오거나 팥죽을 먹을 때면 어머니는 으레 할머니 사진 앞에 그것을 가져다 놓게 하셨다.

"할머니 많이 드세요. 저희도 잘 먹을 께요."

어릴 적 수박의 빨간 부분을 조금도 남김없이 드시던 할머니를 "할머니는 하얀 데도 다 먹네!" 하고 놀렸었다. 이젠 그 할머니를 기억하면 빨간 부분을 많이 남기는 것에 아까움을 느끼고는 한다.

직장 다니는 친구는 아이를 할머니에게 맡겼더니 애들이 학교를 핵교, 크림을 구루무라고 한다면서 창피하다고 야단이다. 또한 전철이나 버스에서는 빈자리 잡기 선수로 등장하시기도 한다. "집에 계시지 이런 시간에 어디를 저렇게 가셔야 할까?" 하는 의문을 던지게 하는 젊은이들에게 외면당하는 초라한 모습이다.

할머니가 사주셨다는 예쁜 방울을 머리에 맨 조카의 눈빛이 빛난다. 조카의 외할머니는 항시 머리장식 고무줄을 사주신다면서 자랑을 했다. 요즈음 할머니들은 이렇게 예쁜 선물을 많이 주거나 간식비를 많이 줄 수 있어야 하는 시대이기도 하다. 할머니가 계시기엔 너무나 답답하게 닫쳐진 현관문과 삭막한 복도, 유리벽과 콘크리트 벽, 계단과 에스컬레이터, 자동차들의 행렬이다.

변화의 시대 상황은 할머니의 그윽한 사랑을 어떻게 표현할까? 살아 계시면 살아 계신대로 손자 손녀들과 몇 장의 사진을 찍으셨을까? 앨범 속에 추억 속에 묻혀서라도 할머니로서 우리의 역사를 가르쳐 주실 분이 몇 분이나 될까? 많은 의문을 느낀다.

이미지 표현 디자인을 강의하면서 따뜻함을 주제로

작업을 하도록 한 적이 있다. 할머니의 따스함을 느끼게 하는 작품을 떠올리면서, 훌륭한 아버지를 키우신 할머니를 기억하면서……

창작 노트

말러의 교향악을 들으면서 그림을 그리고 싶다는 생각이 들었습니다. 빗방울이 그려내는 동그라미의 리듬을 시로 쓰고도 싶었습니다. 이글거리는 태양과 짙푸른 녹음의 아우성을 이기는 바람을 그릴 수 없어 졸면서 하는 기도문이 수필입니다

에어컨 가시에 신경 곳 세우며 감사로 채우다가 가을 그리운 하늘에 주홍 물감을 풀고 회색 구름조각으로 띄우는 손길이 수필이고 싶습니다. 대지의 건반을 두드리는 흑백 음이 가슴으로 얼룩져 흐르는 언어가 수필이 됩니다.

이 순간! 세상을 사랑하기에 많이 부족한 자가 용서를 끼적이며 띄어쓰기하는 연습장이 수필이었습니다.

※ E-mail : marih-k@hanmail.net

끝과 시작 외 2편

이병철李炳哲

그가 나를 찾아온 건 어느 늦은 밤이었다. 그는 한 번도 꺼낸 적 없는 아니 꺼낼 수 없었던 마음의 끝을 그날 밤 나에게 풀어놓았다. 먼지를 훌훌 털어내듯 그렇게 가볍게 말할 수 없는 내용이었다. 그의 상처는 어느덧 흘러간 세월만큼이나 메우기 힘든 마음의 골이 깊게 파여 있었다. 이 이야기는 그와 나눈 하룻밤 대화를 옮긴 것이다.

세상에서 아버지란 이름이 가장 익숙지 않은 한 사나이가 있다. 그에게 있어 아버지의 기억은 언제나 꿈처럼 희미한 바람이었다. 보고 싶은, 그래서 더욱 그리웠던 긴 기다림의 세월만큼이나 그에게서 멀어져간 아버지였다. 미움도 커졌다. 그토록 기다리던 시간은 이제 그를 어른으로 만들었다. 그에게 아버지란 이름은 더 이상 받아들일 수 없는 존재로 남았다. 그는 죽어도 아버지를 용서하지 않으리라 다짐했다.

언젠가 문득 아버지가 찾아온 날, 그는 지갑에 있는 모든 돈을 꺼내주었다. 그러나 아버지는 재차 등을 돌려 그의 시야에서 멀어져 갔다. 그것이 아버지를 본 그의 마지막 기억이었다. 평생 어머니 같은 삶도 있을까? 어머니의 모습이 떠오를수록 아버지에 대한 미움도 선명해지고 견고해진다. "내 목숨이 있는 한, 아버지를 용서하지 않으리라!" 그는 이를 악물어 흐르는 기억을 가슴에 새겼다.

"아버지가 우리를 모질게 뿌리치던 새벽부터 어머니는 언젠가 돌아올 아버지를 위해 단 한 번도 대문을 걸어 놓지 않았습니다. 떠나간 아버지를 위해 하루의 새벽을 흐르는 눈물로 기도할 뿐이었지요. 아마도 어머니는 아버지가 돌아올 것을 믿고 싶었던 모양입니다." 그는 잠시 후 깊은 한숨을 내쉬며 엉킨 실타래를 풀어내듯 낮고 분명한 어조로 말을 이었다.

"아주 어려서 남들은 기억할 수 없는 나이라 하겠지만, 내겐 지울 수 없는 흉악한 악몽이 있습니다. 그러니까 그때 아버지가 우리를 떠나던 이른 새벽의 일이었습니다. 간곡한 사연과 눈물로 애원했던 어머니를 상기된 얼굴과 부릅뜬 두 눈으로 차갑게 돌아섰던 아버지. 그날 나는 이불 속에서 어머니의 서럽던 얼굴과 아버지의 차가운 그림자를 똑똑히 보고 말았습니다. 끝내 아버지는 몇 안 되는 서랍까지 뒤져가며 찾아낸 지전紙錢 몇 장을 남김없이 쥐고 떠나버렸습니다. 지금도 그때의 아버지가 뇌리에 남아 나를 괴롭힙니다."

어느덧 그의 눈은 촉촉이 젖어가고 있었다. 그는 어린 적 기억을 너무도 분명히 새기고 있었다. "이후 커서 알게 된 사실이지만, 어릴 적 난 사정도 모른 채 이사 가는 즐거움에 분주했었지요. 아버지가 우릴 떠난 이듬해 집도 내놓아야 했고 큰 빚에 시달려 어머니는 우리 오남매와 함께 정말이지 죽을 고비를 넘기며 살았습니다. 이러한 상황에서도 어머니는 주위의 조언도 아랑곳 않고 자식들을 고아원으로 보낼 수 없다는 그 일념으로 이를 악물고 살았습니다." 이렇게 그의 이야기는 점점 깊어가고 있었다.

사실 나도 그의 어머니를 기억한다. 이후 얘기를 통해 알게 됐으나 이런 아버지를 위해 어머니는 아버지가 떠나던 날부터 한 번도 대문을 채우지 않았다고 한다. 생각해보면 그건 분명 돌아오는 아버지를 위한 배려였다. 돌아올 아버지의 걸음이 부끄럽지 않도록, 그런 어머니의 기다림이었다. 이제 이야기를 듣고 있던 나도 아버지에 대한 감정을 억제할 수 없었다.

어느 날 그가 중학교를 졸업하던 해에 늘 아랫목 한 자리를 차지하고 있던 수건으로 꽁꽁 동여맨 아버지를 위한 밥 한 그릇을 그는 보란 듯이 비워 버렸다. 순간 며칠 전 일이 그의 머리를 스쳤다. 어머니도 커가는 자식들의 시선을 의식하신 탓일까? 여느 때처럼 아랫목에 밥을 떠놓고, 그날은 좀 별스럽게도 우리를 향해 이런 말을 이었다. 이 밥은 아버지가 외지에서 굶지 않고 돈도 많이 벌고 건강할 수 있게 하는 아버지를 위한 밥이라고.

하지만 그는 이런 어머니의 마음을 도저히 이해할 수

없었다. 물론 그가 어머니의 마음을 몰랐던 것은 아니다. 단지 그런 어머니의 마음이, 아니 좀 더 솔직히 말해 어머니의 초라한 궁상이 죽도록 보기 싫었다. 큰 꾸지람을 각오해야 했다. 그런데 이상한 일이었다. 어머니는 오히려 이런 그를 향해 꾸지람 대신 애써 웃음을 짓고 계셨다. 어머니의 그런 웃음은 울음처럼 슬펐다. 그리고 아무 말도 없었다. 그뿐이었다. 그저 그뿐이었다.

오늘 그는 어머니의 얼굴에 드리워진 그때의 웃음을 기억하고 있다. 어머니의 모질고 쓸쓸하기만 했던 한스런 삶이, 웃음 뒤에 눈물이 되었음을……. 그때 어머니의 마음은 어떠했을까? 지금도 어제의 일처럼 그의 눈은 또렷한 기억을 그려내고 있다. 그는 알고 있었으리라. 텅 빈 마음의 위안과 아버지를 향했던 어머니의 간절한 바람을. 이것이 그를 더욱 아프게 했다.

"언젠가 아버지를 다시 볼 수 있다면, 꼭 묻고 싶은 말이 있다. 이 물음은 아버지가 마지막으로 우리를 위해 반드시 대답해야만 한다. 진정 그때, 왜 우리를 버려야 했는지? 한 번도 단 한 번도 그 선택을 후회한 적은 없는지? 그것이 아버지로서 할 수 있는 최선의 선택이었는가를 난 꼭 물어야 한다고……." 그는 더 이상 말을 잇지 못하고 절규한다. 나도 흔들리는 내 마음을 지킬 수 없었다.

하지만 이제 아버지에게 그 무엇도 물을 수 없었다. 아버지의 부고訃告를 받던 날, 그 곳에 가지 않았다. 아니 갈 수 없었다. 아버지가 미워서만은 아니었다. 그는 자신을 지탱할 수 없었다. 분명 그에게 아버지의 삶은 비난 받아 마땅하다. 그러나 아버지의 죽음 앞에서 마음은 왜 이렇듯 혼란한 것일까? 뜻 모를 감정이 그를 감싸고 있었다.

"어쩌면, 아주 어쩌면 아버지는 가장으로서 그 어렵던 시절에 말 못할 사연이 있지 않을까? 아니면 우리가 아버지를 그렇게 멀어지게 했을까? 알 수 없었다. 아버지의 마음과 나의 마음조차도 모든 것이 흔들리고 있었다. 용기가 나질 않았다. 그 긴 시간 동안 나를 견고하게 지탱했던 미움과 원망의 근원을 알 수 없었다."

어느덧 그도 그때의 아버지처럼 가정을 꾸렸고 한 아이의 아버지가 되었다. 아이를 본다. 표현할 수 없는 뜨거운 감정을 느낀다. 아버지도 분명 그 뜨거운 무엇이 있었을 것이다. 지금 내 마음에 벅차오르는 무엇인가와 동일한, 말로 형언할 길 없는 무엇을 말이다. 순간 그는 아버지의 죽음을 인정할 수 없었다. 죽음은 살아 본 사람이 누릴 수 있는 특권이다. 살아 본 일이 없는 아버지가 죽는다는 것은 인정할 수 없는 일이었다. 아니 죽어도 안 되는 일이었다. 그의 외침은 이렇게 소리 없이 긴 밤을 흐르고 있었다.

무엇이 이토록 이들의 관계를 서럽게 했을까? 무엇을 위해 이들의 침묵은 서로를 등진 채 말하고 있는가? 그에게 아버지란 존재는 언제나 쓸쓸하고 아련한 끝 모를 갈림길이었다. 그리움이 커져가듯 미움도 깊어졌다. 나는 그를 위해 아무 말도 할 수 없었다. 그저 지켜볼 수밖에 도움을 줄 수 없었다. 뜨겁게 데워진 두 눈으로 나는 더 이상 그를 응시할 수 없었다.

어느새 밖은 가려진 창문 사이로 어둠이 걷히고 있었다. 아침을 맞는다. 이렇게 밤과 새벽, 그리고 아침을 그와 함께 했다. 떠오르는 아침의 태양이 어제의 어둠을 거둬가듯, 그의 마음에도 오늘의 밝은 태양을 기대해 보고 싶다.

계주명교戒酒名教

최초의 인간이 포도나무를 심고 있었다. 악마가 찾아와 그것이 무엇이냐고 물었다. 인간은 서슴지 않고 말했다. "이 열매의 즙을 마시면 행복을 얻을 수 있다고…." 그러나 이를 시기한 악마는 네 마리의 짐승 곧 양과 사자, 그리고 돼지와 원숭이를 차례로 죽여 그 피를 포도나무 주위에 쏟아 부었다. 이윽고 포도가 열리고 그 즙을 통해 포도주를 만들었다.

그 결과 인간이 술을 처음 마시면 양처럼 순하고 좀 더 과해지면 사자처럼 강하게 포효咆哮하며, 그보다 더 마시면 돼지처럼 몸을 더럽히고 끝내는 인간의 근본까지 망각하여 원숭이처럼 춤추고 노래하며, 제 몸의 부끄러움조차도 몰라 스스로를 지킬 수 없는 사람이 된다고 한다. 참으로 그럴듯한 술의 기원起源이 아닐 수 없다.

가사歌辭의 대가大家로 우리에게 익숙한 정 송강松江은 평소에 술을 무척이나 즐겨했다. 그러나 그 역시 「계주문戒酒文」을 통해 천만 가지의 사곡邪曲과 망령된 일이 모두 술에서 기인된 것이라 하여 술을 경계하고 있다. 특별히 송강이 술을 좋아하는 원인을 네 가지로 제시하고 있는 내용은 지금 음미해 보아도 흥미를 끈다.

첫째는 심신心身의 불평이 있어서 마시는 것이고 둘째는 어떤 감흥感興이 일어 마시는 것이며, 셋째는 손님을 대접待接하느라고 마시는 술이다. 그리고 넷째는 남이 권하는 것을 막지 못하고 마시는 것이다. 그러나 꼭 이렇게 해야 한다는 것은 아니다. 송강은 어떤 일로 인해 불평이 있을 때는 오히려 맑은 정신으로 곰곰이 궁구窮究해 보고 해결 방안을 모색함이 우선이고 자연스럽게 어떤 사물에 대해 감흥이 일어날 때에는 노래나 시를 읊으면 될 것이라 한다.

또한 어려운 손님이나 친한 벗이 왔을 때에도 자신의 정성과 친근한 마음을 베풀면 그만이겠고 보통 술자리에서 지나치리만큼 권勸하는 이가 있다하더라도 자신의 의지意志만 뚜렷하면 흔들릴 것이 없을 것이라 했다. 그러나 대부분 이와 같은 습관을 기르지 않고 차마 그럴 수 없다는 생각으로 끝내 소신所信을 지키지 못하고 자신을 부끄럽게 만들고 만다. 사실 이러한 송강의 경계 속에는 철저한 자아 성찰이 따랐던 것을 잊지 말아야 한다.

"마치 도둑질을 하려다가 주인에게 쫓겨 겨우 칼을 모면한 사람이 대낮에 인간을 대한 것처럼 두렵고 어줍어 몸 둘 곳을 몰라 하는 것 같았다. 나는 분명 죄진 사람이었다. 말을, 행동을 삼가지 못해 지은 죄이었다. 그 술 때문에 저지른 죄였던 것이다."

혹자或者는 술이 문제가 아니고 적절하게 마시지 못하는 인간이 문제라 할 것이다. 누가 그 흔한 진리를 모르겠는가? 적절히 마시면 풍류風流와 멋이 배고 약주藥酒가 될 수 있다는 것을 말이다. 하지만 여기서 적절하다는 기준은 상당한 개인차가 존재함을 안다. 과연 적당함의 기준은 무엇이며 설령 그 기준이 마련된다 할지라도 거기서 절주節酒를 할 수 있는 사람은 그리 흔치 않을 것이다. 오히려 먹으면 먹을수록 정신이 혼미해져 더욱 자신을 지킬 수 없게 될 뿐이다.

이러한 상황에서 넘치지도 모자라지도 않는 중용中庸의 지혜와 주도酒道의 예禮를 돌아볼 수 있다는 것은 결국 먼 기대일 뿐 현실이 될 수 없다. 그래서 송강 역시 술이 깬 이후의 심정을 이렇게 말하고 있는 것이 아닐까 한다. "술에 취해 저질렀던 광태狂態가 밝혀지면 수치를 참지 못해 죽어버리고 싶은 생각이 드는 것이다. 그 생각은 오늘에 끝나고 마는 것이 아니다. 내일도 모레도 계속 심신心身을 괴롭히고 있는 것이다. 그리하여 그 회한悔恨은 산더미같이 쌓인다. 친절한 벗은 애석한 일이라 동정하고 범연한 사이엔 침을 뱉고 멀리한다." 진실로 경계가 될 만하다.

시조時調로 명망이 높은 고산孤山 선생도 술에 대한 교훈적 내용을 이렇게 노래하고 있다.

> "술도 먹으려니와 덕(德) 없으면 난(難)하나니/ 춤도 추려니와 예(禮) 없으면 잡(雜)되나니/ 아마도 덕례(德禮)를 지키면 만수무강(萬壽無疆)하리라."

조용하기 어려운 것은 마음이고 상실하기 쉬운 것은 뜻이라 했던가? 과연 누가 마음과 뜻을 통솔할 수 있을 것인가! 술로 인해 후회하지 않게끔 자신을 돌아보는 경계도 필요하겠지만 그보다 먼저 자신의 소신조차 지킬 수 없다면 아예 술을 가까이 하지 않는 편이 스스로 더욱 현명하지 않을까 한다.

우리말 단상斷想

우리는 일상에서 상대와 대화할 때, 흔히 '아' 다르고 '어' 다르다는 표현을 듣기도 하고 말하게 될 때도 있다. 물론 '아' 다르고 '어' 다르듯, '나' 다르고 '너' 다르다. 이것은 글을 쓸 때나 대화할 때도 마찬가지일 것이다. 이처럼 어휘 하나에도 신경을 쓰지 않으면 본의 아니게 곧잘 오해를 사기도 하고 때로는 적절한 단어가 떠오르지 않아 곤욕을 치르기도 한다.

그러나 이와는 달리 말 한마디에 천 냥 빚을 갚듯, 한마디 말에 마음이 녹아나 맺혔던 오해가 풀어지고 서로의 소원疏遠함이 회복되는 일도 있다. 살아가는 동안 이렇듯 말 한마디는 우리의 거칠어진 관계를 매끄럽게 하는 긴요한 윤활유 역할을 하는 것이다.

그런데 여기서 말을 잘 한다는 것은 선천적으로 뛰어난 일필휘지一筆揮之의 문장을 지녔거나, 청산유수青山流水의 탁월한 언변을 말하고자 함은 아니다. 그보다는 오히려 적절한 상황과 대화의 문맥을 고려한 올바른 어휘의 선택이 곧 바른 문장의 표현을 좌우하는 동시에 대화 상대자로부터 큰 호응도 얻어 낼 수 있는 것이다.

며칠 전 한 학생이 강의가 끝나고 연구실에 찾아와 보고서와 관련해 자료수집이나 연구방법에 대해 조언助

言을 구한 일이 있었다. 학생도 나의 도움에 충분히 만족했는지 환한 얼굴로 연구실을 나가며, 정중히 예를 표해 나에게 이렇게 인사했다. "교수님, 수고하셨습니다."라고 말이다. 물론 이 학생의 마음을 십분十分 이해한다. 그러나 '수고하다.'의 말은 청자聽者의 지위가 화자話者와 동급同級이거나 그 이하일 때 사용하는 말이다.

따라서 손윗사람에게는 쓸 수 없다. 그러한 이유로 인사를 받았는데도 기분은 개운치 않았다. 더욱이 이런 잘못된 인사말을 사회에 나아가 여러 어른들께 한다면, 더 큰 일이 아닐 수 없었다. 그래서 나는 그 학생을 불러 바른 인사를 가르쳐 준 일이 있다. 요컨대 진심으로 감사를 표현하고 싶다면 "교수님! 고맙습니다.(감사합니다.)" 또는 "교수님! 애쓰셨습니다."로 바꿔야 옳은 것이다. 그런데 더 놀라운 사실은 이렇게 인사하는 학생이 의외로 상당수 있다는 사실이다. 심지어 학생들은 "영주야, 교수님이 오래" 또는 "교수님, 시간 계십니까?"라는 문장도 서슴지 않고 말한다.

이렇듯 무턱대고 높인다고 존칭이 해결되는 것은 아닐진대, 이런 문장을 여과 없이 무분별하게 사용하고 고쳐 쓰려 하지 않는다. 도리어 지적해 준다면, 그 사람은 깐깐한 사람에 소심한 사람으로까지 치부置簿되는 형편이니, 사실 참으로 걱정이다. 물론 글을 쓸 때나 대화할 때, 문법에 맞는 문장을 완벽히 구사하는 것은 생각처럼 그리 쉬운 일만은 아니다. 그렇다고 이렇게 의미도 모호하고 높임의 대상도 불분명한 문장 형식이

합리화될 수 있는 것은 더욱 아니다.

중요한 것은 누구나 사람으로서 실수하지 않는 사람은 없으나, 매번 잘못된 인사와 어긋난 문장을 반복 사용한다면 결국엔 그 사람이 지닌 소양素養과 지적 수준까지도 믿음이 흔들리게 된다는 사실이다.

따라서 "영주야! 교수님이 오래"라는 표현은 "영주야! 교수님께서 오라셔(오라고 하셔/오라고 하셨어)"로 바꿔 표현해야 한다. 그리고 "교수님 시간 계십니까?"의 문장도 그렇다. 즉 교수님이 계신 것이지, 시간이 계실 수는 없는 것이므로 "교수님 시간 있으십니까?(있으신가요?/있으세요?)"로 바꿔 표현해야 옳은 것이다.

나와서 점심을 해결해야 하는 직장인이라면, 누구나 기대되는 시간은 입맛이 소문난 식당을 찾아가 차림표를 보며 잠시나마 행복한 고민에 빠지는 그 때일 것이다. 물론 오늘은 나도 강의를 끝내고 특별히 교직원 식당을 벗어나 동료 교수와 함께 근교의 식당을 찾았다.

그런데 참으로 이상한 일도 있지? 식당마다 차림의 내용은 같은데, 표기가 제 각각이니 말이다. 그것도 한 명의 손님이라도 더 끌 양으로, 보란 듯 걸려 있는 입간판과 식당의 유리를 온통 가려버린 음식 이름들은, 같은 식당의 동일한 음식임에도 불구하고 서로 그 표기가 천차만별千差萬別이니 참으로 우습지 않은가?

말하자면 간판에는 김치찌개를 팔고 차림표에는 김치찌게를 파는, 어떤 식당은 육개장을 팔고 어떤 식당은 육계장을 파는 등의 표기 형태를 어렵지 않게 본다.

심지어 어떤 식당은 육게장의 표기도 볼 수 있어, 잠시 마음이 씁쓸해 졌다. 우리가 흔히 즐겨 먹는 그러니까 김치를 주재료로 하여 두부나 버섯, 그리고 약간의 돼지고기를 넣어 갖은양념과 함께 끓인 음식은 김치찌개(된장찌개/동태찌개/부대찌개/참치찌개)가 옳은 표현이다.

즉 김치찌개는 '김치'와 '찌다'의 어근에 접미사 '개'가 결합된 '찌개'의 형태다. 우리가 흔히 깔다. 덮다. 끌다. 등을 '깔개, 덮개, 끌개'로 쓰는 것과 같은 경우이다. 그리고 쇠고기를 삶아 알맞게 뜯어, 갖은 야채로 얼큰하게 끓인 국은 '육개장'이 바른 표현이다.

이처럼 주의하지 않아 잘못 쓴 사례는 의외로 그 내용이 상당하다. 재육덮밥 → 제육덮밥, 떡볶기 → 떡볶이, 라볶기 → 라볶이, 깍둑이 → 깍두기, 어름물 → 얼음물, 쥬스 → 주스, 케찹 → 케첩, 도너스 → 도넛, 돈까스 → 돈가스, 오무라이스 → 오므라이스, 짜장면 → 자장면, 소세지 → 소시지, 카스테라 → 카스텔라, 비스켓 → 비스킷, 크래카 → 크래커, 초콜렛 → 초콜릿, 계란후라이 → 계란프라이(후라이팬 → 프라이팬) 등이 흔히 볼 수 있는 말인데, 모두 뒤에 것이 옳은 표현이다.

그리고 한 가지 덧붙여 말한다면 가게를 들어설 때, 출입문에 붙어 있는 '미시요 / 당기시요 / 어서 오십시요.' 등도 잘못된 표기로, 각각 '미시오 / 당기시오 / 어서 오십시오.'가 바른 표현이다. 즉 문법적으로 '~요'는 대등적 의미를 지닌 연결어미이고 '~오'는 종결어미이므로(게시판에 붙이시오. 들어가지 마시오. 가십시오. 오십시오.) '~오'로 표기해야 한다.

특히 잠시만 주변을 돌아봐도 우리말 오용誤用의 사례나 맞춤법에 어긋난 표현을 어렵지 않게 발견할 수 있다. 무엇보다 실생활과 관련해 그 실태는 심각한 수준이 아닐 수 없다. 이 경우 학생들은 물론이요 어른들까지도 예외 없이 무분별하게 사용하고 있어 각별한 주의가 요구된다.

옛날에 한 소년이 밭에 나갈 때면, 작은 송아지가 귀하고 예뻐서 늘 품에 꼭 안고 나갔다. 그러는 사이에 송아지는 무럭무럭 자랐고 무게도 늘었으나, 소년은 이를 느끼지 못했다. 마침내 송아지는 커다란 황소가 되었다. 그러나 소년은 여전히 그 황소를 들 수 있었다. 송아지 무게가 조금씩 늘어나면서 황소가 되었듯, 소년의 체격과 힘도 모르는 사이에 함께 자라나 건장한 청년이 되었기 때문이다.

문장을 가다듬는 일도 이와 마찬가지라 생각한다. 조금은 귀찮고 처음은 늘 써도 부족하고 어색하게만 느껴질 수도 있는 것이다. 하지만 매일 써보고 가다듬어 고쳐 쓰게 된다면 자신도 모르는 사이에 소년의 체격과 힘이 자라 청년이 되었듯, 바른 문장은 물론이요 따뜻한 마음이 녹아나는 좋은 말과 글도 갖추게 될 것이다. 채는 칠수록 고와진다는 말이 있다. 틈틈이 모범이 될 만한 글을 읽어 궁구窮究하고 한 문장 한 문장을 가다듬고 생각하여, 소중한 우리말을 바르게 쓸 수 있도록 심사숙고深思熟考하길 바란다.

창작 노트

옛 사람이 스스로 높은 선비의 맑은 향을 그리려 하되 향기는 형태가 없기에 난(蘭)을 그렸다. 이어 정갈한 여인의 빙옥(氷玉) 같은 심정을 그리려 하되 그 또한 형태가 없기에 매화(梅花)를 그렸다. 다시 붓에 먹을 듬뿍 찍어 한 폭의 대[竹]를 그렸더니 장부의 푸르른 기개(氣槪)가 살아나고 붓을 돌려 한 폭의 산수(山水)를 담아내니 소슬한 바람과 청청(淸淸)한 물소리가 태고(太古)의 신비를 실어오는 듯했다.

꽃을 그리면 나비가 오고 갈대를 그리면 가을이 오며 돌을 그리면 질박한 옛 풍미(風味)가 그윽하니 이것이 곧 문(文)의 신묘(神妙)요, 신기(神技)인 것이다. 종이에 그린 꽃과 풀잎이 어떻게 향기를 내며, 먹으로 그린 돌에서 어떻게 바람 소리를 들을 수 있을까. 이것이 문(文) 속에 솟아난 문심안(文心眼)이다. 문정통(文情通)이다.

여기에 비로소 작자와 독자의 애틋한 만남은 맺어지고 사랑은 형성된다. 이 진미(眞味)를 알게 되면 진실로 붓을 들지 않을 수 없을 것이다. 남다른 문리(文理)와 타고난 재주를 지니지 못했으나 내가 붓을 들어야 함은 스스로 인고의 도(刀)를 세우고자 하는 세상을 향한 하나의 고백이란 믿음 때문이다.

※ E-mail : lebcla6@silla.ac.kr

문학가족 작품모음 사금처럼 빛나는

초판인쇄 2012년 10월 7일
초판발행 2012년 10월 12일
지 은 이 김종원 외 28인
발 행 인 황송문
펴 낸 곳 문학사계
주　　소 서울특별시 영등포구 문래6가 56-1
미주프라자 B1 102호
전　　화 070-8845-9759
(010)2561-5773
팩　　스 (02)2676-9759
이 메 일 songmoon12@hanmail.net
등　　록 2005년 9월 20일
제318-2007-000001호

값 15,000원
ISBN 978-89-93768-28-2 03810

배포처 자유문고 (02)2637-8988